コーヒーブレイク

「超」勉強法

人間の社会が学習に基づいたものであることは、
アリの社会が遺伝的パターンに基づいたものであるのと同様に
全く自然なことなのである。

――ノーバート・ウィーナー『人間機械論』

講談社文庫

「超」勉強法

野口悠紀雄

講談社

［序章］

勉強はノウハウ

間違った勉強法では、いくら努力しても成果があがらない。勉強の成果は、方法によって大きく変わる。それにもかかわらず、勉強のノウハウについて、これまであまり議論されてこなかった。

◆名人家庭教師と同じだった私の勉強法

私の友人に、家庭教師の名人がいた。成績が悪い生徒の面倒をみて、目覚ましい成果をあげていた。

彼は、独自の勉強法で教えていた。つまり、**勉強法を大きく変える**ことによって落第生を救ったのである。そして、「少なくとも中学、高校であれば、どんな子でも、一定の点数までは確実にとれる。本当の理解力をつけるには時間がかかるけれども、テストの点数を引きあげるだけなら、簡単。とくに、数学と英語はそうだ。成績がクラスで最下位の子でも、必ず遅れを取り戻せる」といっていた。

この話を聞いたのは、比較的最近のことである。私がとくに興味を持ったのは、彼が用いていた方法が、私の勉強法と非常に似ていたことだ。英語と数学については、まるで同じだった。このことは、私の勉強法が私だけに有効なものでなく、多くの人に適用可能なものであることを示している。本書を書こうと思った一つのきっかけは、この点にある。

◆うまく勉強すれば、成績はあがる

右の話は、つぎのことを意味する。

1　勉強ができないのは、能力が低いからでなく、**勉強のやり方に問題がある**からだ。

2　多くの人に適用可能な**「適切な勉強法」が存在する。**

3　適切な方法を用いると、勉強の成果は顕著にあがる。

4　試験の点数を引きあげることだけが目的なら、かなり容易にできる。

学習とは、先人が残したものを習得することだ。しかも、体系だって理解しやすいように、カリキュラムが作られている。少なくとも学校での勉強は、そうである。創造力や発想力など高度の知的能力は要求されない。だから、かなりの程度は、方法論で対処できる。

逆に、方法を誤ると努力しても成果があがらない。世の中には、こうした「間違った勉強法」をしている人が多い。しかも、間違っていることに気づかない。苦労しても成果があがらなければ、まず、やり方を反省すべきだ。そして、最低限、能率の悪い勉強法からは脱却しよう。

中山治氏は、「学力」と「得点力」は別のものであるとし、「学力養成を主軸とし、得点力は方便として利用する」のがよいと述べている。* 私も、この意見にほぼ賛成である。

私がとくに強調したいのは、成績が悪い生徒に、とにかく得点力をつけさせることだ。これによって「勉強ぎらい」から脱却させることができる。しばしば、現在の教育は得点力偏重だとして批判される。しかし、得点力のこうした側面を、決して軽視してはならない。
ニュートンやアインシュタインの学校の成績がよくなかったことが、しばしば引きあいに出される。「学校の成績がすべてではない」ことを知ることはよいことであるけれども、普通の生徒にとって、こうしたエピソードは何の役にも立たない。彼らは天才であり、学校とは別に自分で勉強できる人たちだったからである。

成績の悪い生徒を救う最も確実な方法は、試験でよい点数をとらせることだ。真の問題は、能力がある学生までもが得点力主義に終始し、批判力や創造力を身につけようとしないことなのである。

……＊ 中山治、『親子で伸ばす学習戦略』、宝島社、１９９５年。……

◆能力の差は克服できる

すべての人間が同じ能力をもっているわけではない。生まれつきの能力差が存在することは、認めざるをえない事実だ。そして、この差は、勉強の成果に無関係であるはずはない。

しかし、能力の差は、**努力とノウハウによってかなりの程度まで克服できる。**運動能力の差や音感の差より、はるかに克服しやすい。とくに、学校教育レベルの勉強では、そうだ。

逆にいえば、生まれつきの能力が高くとも、方法を誤れば、せっかくの能力を殺してしまうことになる。だから、「勉強法」は、能力を持ちあわせている人にとっても、それを活かすために必要である。

例えば、第二章で提唱する英語の勉強法は、教科書を繰り返して読むというだけのものだ。これは、誰にもできる。そして、この方法を忠実に実行すれば、成績は必ずあがる。大学入試で英語の比重は高い。英語でよい点が取れれば、それだけで入学できるところもある。だから、英語を正しい勉強法で行なえば、かなりの水準の大学に入学することができるのである。

これとは逆に、英語を分解して日本語に対応づける勉強法だと、どんなに頭がよい人でも、英語を実際に使えるようにはならない。単語帳で英単語を覚えようとすると、どんなに努力しても、英会話はできない。

ノウハウの重要性は、受験においては、非常にはっきりした形で現われる。第六章で述べるように、受験のノウハウは、勉強一般のそれよりさらに確実な形で確立できる。受験に関する限り、能力は一般に考えられているほど重要なものではない。むしろ、「あまり関係がない」とさえいえる。それよりも重要なのは、方法である。

◆なぜ「勉強法」の本がないのだろう

勉強のノウハウについて一般的に述べた本は、少ない。受験勉強法や幼児教育法については、いくつかある。しかし、一般の学習参考書に比べれば、その数は非常に少ない。

学校では、どのようにして勉強すべきかという方法論は、系統的に教えない。友人同士の会話でも、勉強の中身について話すことはあっても、方法について話した記憶はあまりない。**勉強の方法論についての経験が、個人の枠内にとどまってしまい、あまり伝えられていない**のである。これは、考えてみると、不思議なことだ。

多分、勉強法にはさまざまなものがあるということ自体が、意識されていないからだろう。「勉強の成果は、生まれつきの能力と、勉強にかける時間と、努力だけで決まる。方法論は無関係」と考えている人が多いからではなかろうか。

スポーツについては、練習法の本が沢山ある。本だけでなく、ビデオなども作成されている。また、がむしゃらに練習すればよいという精神主義は影をひそめ、科学的トレーニング法が研究され、実践されている。「辛いことが練習。ガンバリがすべて」などという考えは、古くなった。勉強も、少なくともスポーツ・トレーニング法の段階まで進歩してしかるべきではあるまいか。

以下の方法は、私が試行錯誤によって獲得したものだ。* その中には、無意識にやっていたものもある。しかし、いま顧みれば、合理的な方法が多かったと思う。私自身が、もっと早く知っていればよかったと思うこともある。この経験を多くの人に伝えたい。本書の最大の目的は、ここにある。

＊　本来であれば、合理的な学習法を見いだすために、大脳生理学や心理学の知見が利用できるとよい。しかし、残念なことに、これらの学問は、実用的なアドバイスを与えるほどには進歩していない。「勉強方法の差が成果に影響するか」といった比較的簡単な問題に対しても、厳密に学問的・客観的な立場から答えることは、難しいようだ。方法論と能力の差を識別しにくいし、人間を長時間実験台に使うことは困難だからである。「テレビの見すぎが読解能力を低下させる」という、常識的にはかなり明白なことであっても、データで厳密に実証されているとは言い難い（ハーリー、『滅びゆく思考力』、第五章）。教育の専門家が実践的な勉強法についてあまり発言しないのは、客観性、厳密性にこだわりすぎているためかもしれない。

こうしたことを考えると、勉強法の議論において、経験則の役割はまだ非常に大きいといわざるをえない。

◆ビジネスマンよ、勉強を続けよう

この本は、受験や学校の勉強だけのためのものではない。**あらゆる知的活動の基礎となる学習行動一般**について、有用なノウハウを含むと考えている。

私は、勉強が一般のビジネスマンにも必要なことを、とくに強調したい。勉強とか学習というと、学生時代で終わりと考える人が多い。確かに、歴史の年号を暗記したり、化学反応式を覚えたりといった勉強は、学生時代で終わりだろう。

しかし、より基本的なスキルについては、決してそうではない。たとえば、**英語**を実際に使うには、学校の授業だけでは十分とはいえない。だから、多くの人が学校卒業後も英語を勉強している。それを反映して、英会話教室の類が沢山あるし、社会人向けの英語学習の本も多数出版されている。**日本語**についても、早く正確に読み、そして的確に書く練習は、職場に入ってから行なわれることが多い。会社の上司に文書を直されてテニヲハを習ったという人は、かなり多い。また最近のようにパソコンが普及してくると、これまでは縁がないと考えていた人々も、パソコンを操作する必要に迫られる。それだけではない。経済やビジネスのさまざまな分野で、かなり高度の**数学**を用いるテクニックが増えている。「文系だから」という言い訳では、済まされない。

このように、日本の社会では、**実際に必要なことは社会に出てから学ぶ**ことが多い。その意味で、もともと「生涯学習」の社会であった。

ただ、これまでの企業内教育は、その企業に特有の知識を教える面が強かった。今後は、企業の外でも通用する一般的な知識や技能の必要性が高まるだろう。つまり、文字通り生涯学習の時代になるだろう。

これまで、「会社の仕事とつきあいで、とても勉強する暇などない」というビジネスマンが多かった。確かに、終身雇用制をとる日本の企業では、勉強よりつきあいのほうが大事だった。しかし、今後の日本は、この点で大きな変化を経験せざるをえない。経済環境の変化によって、産業構造は大きく変わる。新しい知識を積極的に取り入れてゆかなければ、これか

縦社会を横に動く

コーヒーブレイク

日本社会は縦社会だといわれる。私は、それを横に歩いた。

大学の工学部在学中に経済学に興味をもち、経済職の公務員試験を受けて大蔵省に入った。役所から派遣されてアメリカの大学院で経済学を勉強し、帰国後しばらくしてから、大学に移った。

こうした経歴に、多くの人は当惑するらしい。講演会の講師紹介で「大変ユニークな経歴の方で」といわれる確率が、およそ75パーセントある。また、初対面の人からの三大質問の一つは、「なぜ工学部から大蔵省に？」である。

しかし、考えてほしい。大学の専門課程は、わずか2年間だ。私は、それ以来、30年以上を生きている。なぜ、30分の2にそれほどこだわるのだろう。しかも、その期間、ただ生きていただけでなく、勉強を続けていた。縦社会の壁を越えて横に動くには、それまでに身につけたものだけでは済まないからである。考えてみると、現在直接に用いているのは、すべて大学を出てからあとに学んだ知識である（ただし、これは、大学での勉強が無駄になったという意味では決してない。終章の「大学の効用」を参照）。

大学を出てからあとも長い間勉強を続けたという意味で、私は、「勉強のプロ」と称してよいかもしれない。

アメリカで運転免許証をとるとき、書類に「学校教育を受けた年数」を書く欄がある。「20年」と書いたら、窓口の係官に、「そこは年齢を書く欄ではない」と注意された（これは、まだ30代初めだったときの話である）。 ■

おくての学者たち

コーヒーブレイク

ドイツの考古学者ハインリッヒ・シュリーマンは、少年時代にホメロスの物語に魅了され、トロヤの発掘を思い立った。しかし、中学校を終えてからの月日は、小僧、徒弟、下級船員などを転々としながら過ごさざるをえなかった。やがて巨万の富を築いて引退し、49歳のときに最初のトロヤ発掘を行なった。その後、死の直前まで発掘を続け、伝説の都の城壁や宮殿、そして多数の財宝や壁画を発見した。

アメリカの天文学者パーシバル・ローエルも、人生の前半を実業に費やした。事業で成功したのち、39歳のときに、火星の運河説に触発され、アリゾナの山上に私設天文台を作った。火星人の存在を主張したので、異端視されることが多い。しかし、冥王星の存在を予言したことは、天文学上の重要な業績である。冥王星は、彼の死後、ローエル天文台の観測で実際に発見された。冥王星の識別記号には、ローエルの頭文字が使われる。

イギリスの経済学者デイビッド・リカードも、おくてである。初等教育を受けただけで、14歳のときから父の見習いとして株式仲買人の仕事をしていた。仕事を通じて金融や経済の問題に興味をもってはいたものの、20代の中頃に偶然読んだアダム・スミスの『国富論』によって経済学への目を開かれるまでは、経済学を専門的に学んでいたわけではなかった。その後、株式仲買人の仕事に成功して財産を築き、下院議員にもなった。主著である『経済学と課税の原理』を著わしたのは、45歳のときである。リカードの理論は、現代の経済学の重要な基礎をなしている。それだけでなく、彼が提起したさまざまな問題は、現在にいたるまで理論経済学や経済政策論の中心的な課題として議論されている。■

らの競争社会についてゆくことはできないだろう。

こうした変化を反映して、資格試験や昇進試験のために勉強するビジネスマンが増えてきた。**週末のゴルフはやめて、その時間を勉強にあてる**という人もいる。これは、大変歓迎すべきことと思う。ただ、ビジネスマンの勉強は、資格のためだけではない。もっと広い観点から勉強を続けてゆく必要がある。

◆勉強に終わりはない

何歳になっても勉強はできる。勉強を始めるのに、遅すぎることはない。人間は何歳になっても、学習によって進歩する動物なのである。

トルストイは、老年になってからイタリア語の勉強をした。ゲーテは、死の直前まで『ファウスト』を書き続けた。作曲家フォーレの作品は、七十代になっても進歩が見られた。ピカソは、九十一歳になってもベッドの側で創作活動を続けた。

二十一世紀の日本社会は、高齢化社会である。これは、マイナスのイメージで捉えられることが多い。しかし、退職後の自由な時間が長くなるのは、考えてみれば素晴らしいことだ。現代社会における退職後の人たちは、五十年前なら決して社会や家庭の中で合意が得られなかったことを実行できる。*シュリーマンやローエルは、実業生活を終えてから学問研究を始めた。これからは、普通の人でも彼らと同じことができる。

やるべきことは、いくらでもある。例えば、星を見るには、星の配置を覚え、星団や星雲の識別番号と位置を覚える必要がある。これは、勉強そのものである。望遠鏡の性能をあげれば見える星の数はいくらでも増えるから、覚えることに際限がない。樹木や草にも、まだ名を知らないものが沢山ある。それらを勉強して知識を広げるのも、楽しいことだ。

これらは、「投資」としての勉強ではなく、「消費」としての勉強である。何の見返りも期待せず、勉強することそれ自体を目的とする。これこそが、究極の「勉強」であろう。本書で述べる勉強法が、このような目的のためにも有用であることを期待したい。

……

＊ 老化問題の研究者、バーニス・ニューガーデンの言葉（A・ウインター、R・ウインター、『脳力トレーニング』、p144）。

……

◆この本の性格と概要

以下の各章は、つぎのように構成されている。

まず、第一章で、全体を通じる基本的な考えとして、**「超」勉強法の基本原則**を述べる。それは、⑴面白いことを勉強する、⑵全体から理解する、⑶八割わかったら先に進む、の三つである。さらに、意欲の重要性について述べる。

第二章から第五章が、本書の中心である。第二、三、四章では、英語、国語、数学という伝統的な教科区分にそって、具体的な方法論を展開する（ここで「英語」というのは、一般的に「外国語」を指す）。英語については**教科書丸暗記法**、数学については**パラシュート法**と名づけた勉強法を、それぞれ提案する。国語については**字数把握の重要性**を強調する。第五章では、暗記の方法論について述べる。ここではとくに、**理解して記憶する**必要性を強調する。以上はすべて、第一章で述べた基本原則の応用だ。

第六章は受験のノウハウ、第七章は勉強を支援するシステムづくりの提案である。本書は、受動的に学習の方法を述べているだけではない。積極的に教育のカリキュラムや体系を変えるべきことを提案している。これについては、終章でまとめた。

すでに述べたように、本書は、**知的活動一般**について述べたものである。ただし、**受験生**と**ビジネスマン**の勉強にとくに役立つよう、各章の内容が受験生とビジネスマンにどのように関係するかをまとめた。なお、ここで「受験」とは、主として大学受験を想定している。ただし、それだけでなく、就職試験や資格試験なども想定している。*

本文中でとくに強調したい箇所を、ゴチックで示した。また、ポイントとなるアドバイスを、小節の後に示した。さらに、各章のまとめを章末に示した。時間に余裕がない読者は、これらをひろい読みすれば、本書の概要がわかるだろう。

参照した文献は本文の注で、読者のための文献リストは巻末で示した。巻末リストの文献を注で引用するときは、著者名と書名のみを示した。

……

＊本書が提案する方法は、中学生には適用できるだろう。しかし、幼児教育のためには、たぶん別の方法が必要である。

……

［第一章］

「超」勉強法の基本三原則

勉強の成果はノウハウによって大きく変わると、序章で述べた。この章では、「ノウハウ」の具体的な内容を述べる。

私は、通常の学習法をあまり効率的だとは思っていない。だから、ここで述べる方法は、必ずしも正統的なものではない。ここには、一般の常識に反することも含まれている。しかし、それゆえにこそ、「超」勉強法なのである。

1 第一原則：面白いことを勉強する

◆勉強は楽しい

「勉強は辛いものだから、我慢してやる」と多くの人が考えている。確かに、英語の単語をやみくもに覚えたり、文法の規則を頭から覚えるのは、面白くない。大昔の歴史の年号や、訪ねたこともない外国の地名や産業を覚えるのも、苦痛だ。

しかし、**勉強は本来は楽しいものだ。**

好奇心が満たされるとき、誰でも楽しいと思う。理解が深まると、喜びを感じる。それまで別々にとらえていたものが統一法則で理解できると、誰でも快感を覚える。これは、人間の本性である。これらを満たしてくれるのが勉強だ。だから、勉強とは、本来楽しいものである。

実際、興味と好奇心がある場合、誰でも進んで勉強する。子供は、誰から強制されるわけでもないのに、野球選手や車の名前を覚える。昆虫採集に熱中している子供が蝶の名前を覚えるのは、苦痛でも何でもない。コンピュータ少年なら、一日中でもコンピュータから離れないだろう。

人間は、「学習」によって他のあらゆる生物を凌駕《りょうが》している。人類は、学習によってなりたっている特殊な動物なのである。だから、学習は人間にとって楽しい作業であるはずだ。**本来の勉強は楽しいものである。**本書では、この事実を最大限に強調し、活用したいと思う。

◆勉強を楽しいものに変えよう

「勉強は楽しい」といっても、反発する人が多いだろう。実際、学校の勉強は、必ずしも楽しい訳ではない。むしろ、苦痛である場合が多いだろう。「勉強は我慢してやるもの」と多くの人が考えているのには、十分な理由がある。

その原因の多くは、学校教育の方法にある。教材や教え方が、生徒や学生の好奇心を刺激していないのだ。勉強を楽しくするのは、ノウハウである。膨大な知識の体系を教えようというのだから、よほど工夫しない限り、難解で退屈なものになってしまう。スポーツやゲームの場合ほど簡単ではない。したがって、カリキュラムや授業方法を改革して、学校の授業

人間は学習する生物

コーヒーブレイク

サイバネティックスの創始者、ノーバート・ウイーナーは、人間と他の動物の決定的な違いは、「学習」であるという*。

昆虫の場合、能力の殆どは先天的なものだ。ウイーナーは、その原因を昆虫の身体構造に求めている。第一に、昆虫の身体は外壁によって囲まれているため、成長の過程で脱皮する。この際に神経系も破壊されるので、幼虫から成虫に多くの記憶を移すことができない。第二に、強い呼吸器官を持たないために、身体の絶対的な大きさが一定限度を越えることができない。したがって、脳が小さい。このため、行動能力は学習によって進歩せず、最初から与えられている。

哺乳類になると学習によって獲得する後天的な能力もあるけれども、かなりは先天的なものだ。これに対して、人間の能力は、生まれて数年間は非常に低い。1人で放置されれば餓死してしまうような状態だ。そして、非常に長い期間、生産活動にたずさわらずに、学習に専念する。

つまり、人間は、学習することによって存在している生物なのである。しかも、個体の経験以外も学習できる。これによって、人類がこれまで行なってきたすべての経験の蓄積を利用することができる。

ウイーナーはいう。「人間は他のあらゆる生物と同様に予測しがたい宇宙に生きているが、環境の根本的な変化に適応するための生理的および知能的な要件を備えている点で、他の生物より優位にある。人類は、その生理学的構造によって可能な生来の適応的・学習的な諸能力を利用する限りにおいてのみ強いのである」。

＊　ノーバート・ウイーナー（鎮目恭夫、池原止戈夫訳）、『人間機械論』（第二版）、みすず書房、1979年。

■

を楽しいものにすることが必要だ。

とはいっても、学ぶ側からいえば、体制を批判するだけでは、すまされない。自分で積極的に対応する必要がある。ではどうしたらよいか？

第一は、与えられている教材について、**学ぶ方法**を自分で変えることである。たとえば、英語の単語や文法を詰め込みで覚えようとしても、面白くない。しかし、方法を変えれば、興味をもって学べる（その具体的な方法は、第二章で述べる）。数学でわからない箇所があると、なかなか進めない。進めないと授業から遅れ、ますます嫌になる。こうした時、やりようによっては、うまく切り抜けられる。そうすれば、数学に興味を抱くようになる（第四章参照）。理科や社会では、暗記することが多くて大変だ。しかしこれについても、方法を工夫すれば、楽に暗記できる。そして、勉強が楽しくなる（第五章参照）。

第二に、自主的に行なう勉強なら、**教材**は自分で選べる。英語の教科書が面白くないと感じたら、自分で読みたい本をみつけて読もう。あるいは、英語のニュースを聞こう。歴史や地理の教科書がつまらないと感じたら、間接的ではあっても、それに関連した物語を読めばよい。国語についても、学校の授業とは関係なしに、面白い本をどんどん読むことができる。

このようにして、勉強の方法と対象を**面白いものにかえてゆく**。これが、「超」勉強法の**第一原則**である。

ポイント　方法や対象をかえて、勉強を面白いものにしよう。

◆知識があれば興味が深まる

勉強を面白くするためのもう一つの方法は、知識を増やすことである。

私は、国内線の飛行機で窓から外を見るのを、いつも楽しいと思っている。しかし、窓際に座っていながら、景色に全く無関心の人もいる。生まれつき好奇心が弱い人もいるだろう。しかし、それだけではない。窓の外の景色に興味がないのは、その土地を知らないためか、上空から地理を識別できないためである場合が多い。よく知っている土地なら、だれでもそれを上から眺めてみたいと思うだろう。一般に、**ある程度知っていることについて新しい情報が得られると、興味を抱く。**

つまり、知識が増えると、興味もます。そして、より深く学びたくなる。例えば、旅行で訪れた土地の歴史や地理について知識を持っていれば、他の人が見過ごすものも見える。そうなると、さらに深く歴史や地理を学びたいと思うだろう。また、あることに興味を持つと、それに関連したことにも興味を抱くようになる。

このように、**興味と知識は、連鎖的に広がる。**勉強において、このような連鎖を広げてゆくことが重要だ。

ポイント　知識を増やして興味を深めよ。そうすれば、知識がさらに増える。

2 第二原則：全体から理解する

◆一歩一歩進む必要があるか？

一般には、つぎのように信じられている。「基礎が重要だから、段階を踏んで理解する」「数学でわからないときは、基礎まで戻る」「英語では語彙《ごい》を増やすことが重要だから、単語帳を作って単語を覚える」「論文を理解するには、それを構成する各部分を確実に理解する」。

これらは、「全体を理解するには、部分を積み上げなければならぬ」という考えである。「山に登るように、一歩一歩踏みしめて進むのが、学習」というわけだ。

私は、こうした考えに積極的に反対したい。これらは、合理的な勉強法ではない。私は、つぎのように考えている。

・基礎は退屈で難しい。退屈なことを勉強するのは、第一原則にも反する。だから、わからなければ、飛ばして、興味のおもむくままに進んでしまう。

・数学では、とにかく当面の問題を処理する。そして、うしろを振り返るのではなく、先に進む。

・単語帳を作ってはいけない。

・論文を読む際に、理解できないところがあっても、拘泥《こうでい》せずに通読する。

これは、私が経験から習得してきた方法だ。基礎と積み上げを重視する学習法とは、正反対のものである。

◆「鳥の目」法

私が提唱したいのは、部分から全体を理解しようとするのでなく、**全体をまず把握し、それに基づいて部分を理解しようとする**方法だ。鳥が上空から地上を眺めるようにして、対象を理解しようという方法である。まず最初に鳥瞰図《ちょうかんず》を得る。これが、「超」勉強法の**第二原則**だ*。

道を歩いたりドライブしたりする場合、人によってルートの認識法に差がある。ある人は、地図を頭に思い浮かべ、それを参照しつつ現在地と目的地の関係を把握する。これに対して、目の前にあらわれる対象との関係で把握している人もいる(例えば、銀行の角を右に曲がり、つぎの信号を左に曲がるというように)。

前者が鳥の目による全体把握である。後者は、アリの目による部分観察だ。前者がマクロで、後者がミクロだといってもよい。多くの人は、この両者を組み合わせているだろう。私が強調したいのは、前者である。

なぜ、この方法が効率的か。それは、**上から見れば、よく見える**からである。全体を把握していると、個々の部分がどのように関連しているかがわかる。そして、多くの場合、**各部分は他の部分との関連において理解しやすい**。数学でわからなかった箇所は、あとになって振り返れば、自然にわかることが多い。難しい論文でも、全体像を把握すれば、個々の部分は理解しやすくなる。

なお、「鳥の目法」の有効性に対しては、異論もありうるだろう。とくに、基本的な認識能力を形成しつつある年齢では、このような学習法は適切でないとの意見がありうるだろう。しかし、「この考えは小学生の勉強にも応用できる」とし、目次を活用すべしとする心理学者のアドバイスもある。*2 それによれば、教科書や参考書を開く度に目次を一覧させると、「いま習っていることが全体の中のどのような位置にあり、前や後とどういう関係にあるのかがつかみやすくなる」という。これは、目次を「鳥の目」として活用する方法だ。

ポイント　部分の積み上げで全体を理解するのでなく、全体を把握して部分を理解せよ。

＊　これは、「左脳でなく右脳」、「ディジタル思考でなくアナログ思考」といわれることと似ている。ただし、「右脳」とか「アナログ」というのは、曖昧な概念である。実際、右脳、左脳はバランスしてこそよく機能するのであり、どちらかだけでよいはずはない。

＊2　多胡輝、『小学生のうちにやっておきたい勉強のしつけ』、ごま書房、1995年（p169）。なお、この本のなかで、「最初に全体的な概念に触れさせておくと、たとえそれが十分に理解できなかったとしても、それがのちの具体的内容の学習を早める」という心理学実験の結果が紹介されている。

◆重要な点を把握する

「鳥の目勉強法」の効用は、これまで述べたこと（興味を失わない、理解しやすい）だけではない。いま一つの効用は、**「重要な点」を把握できる**ことだ。

学習内容は、すべてが同じような重要性をもっているわけではない。だから、重要な箇所とそうでない箇所を的確に区別して捉え、前者に力を傾注するのが、勉強のコツである。何もかもやろうとすると、結局、何も身につかない（パソコンの練習でもそうである。パソコンはさまざまな機能をもっているけれども、実際に使うのはワープロなどごく一部の機能でしかない。だから、それに集中して習熟することが必要だ）。**学力とは、重要なことに集中できる能力**だ、といってもよいくらいである。

アメリカで経済学を学んだときに大変印象的だったのは、“crucial”ということばだった（「大変重要な」という意味。ただし、very important とはニュアンスが異なる。「これがないとすべて駄目になってしまう」というような意味）。多くの教授が、「この点は crucial だ」と連発していた。学習で重要なのは、**crucial なことと trivial(些細《ささい》)なことをはっきり区別する**ことなのである。

しかし、何が重要かを把握するのは、きわめて難しい。部分部分を見るだけでは、なかなかそのようなウエイト付けができない。鳥の目による全体把握は、こうした判断のためにも必要なのである。

中山治氏は、これを「幹と枝葉の区別」と表現している。そして、(1)頭のよい子、勉強のできる子は、幹をおさえるのが上手（勉強の苦手な子は、何が要点かわからず、膨大な情報の中で途方にくれる）、(2)幹と枝葉を区別する能力は、生来的な素質でなく、教師や教材によって大きく影響される、と述べている。*

この認識は正しいと思う。それに加えて、「幹と枝葉の識別能力は鳥の目勉強法によっても獲得できる」というのが、私の主張である。

ポイント　重要な点を把握し、それに力を集中せよ。

……

＊　中山、前掲書（p48）。

……

13 第三原則：八割原則

◆八割までをやる

試験問題を解く場合、一つの問題にいつまでも掛かり切りにならず、一応の答えを出したら、別の問題をやる。そして、時間が余れば、戻ってくる。これは、誰もがやっていることだろう。

同じことが、勉強一般についてもいえる。つまり、まず、八割までをやる。それができた

表1・1　これまでの勉強法と「超」勉強法の比較

これまでの勉強法	「超」勉強法
・勉強は我慢と努力	・興味と好奇心が重要
・基礎から一歩一歩確実に	・基礎は退屈で難しいから、最低限を知っていればよい
・部分を積み上げて全体を理解	・全体から理解する
・ある段階を完全にマスターするまでやる	・八割わかれば先に進む

ら、別のことに移る。一般に、**残りの二割は難しい**。少なくとも、努力にみあった成果が得られないことが多い。

ここで、誤解のないように、つぎのことを付け加えよう。第一に、これは、途中で止めてよいとか、食い散らしてよいといっているのではない。むしろ、逆である。途中で別の仕事に移ると、中断してしまって能率が低下する。だから、**八割までは中断せずに**やりとげることが必要だ。

第二は、どこまでが八割かという問題である。試験の場合には、検算やスマートな解法が「二割」に該当する。しかし、一般には、**八割の判断は容易でない**。「何が八割か」を知ることが、実は最も重要なのである（前に述べたcrucialとtrivialの区別と似た問題である）。このためにも、全体を把握している必要がある。「超」勉強法の第二原則は、この意味でも重要だ。

ポイント　八割できたら、つぎの仕事にかかれ。

◆基礎を八割理解したら応用に進む

八割原則は、別の意味でも第二原則と関わっている。一般に、「基礎を理解してから一歩一歩進め」という。しかし、基礎を理解するとは、**程度問題**だ。数学の基礎概念は、かなり難しい。英語の正確な発音も、難しい。これらにこだわっていては、いつになっても進めない。**八割理解したら、先に進む。あるいは、とにかく使ってみる**ことが必要だ。*

ここでも、誤解がないように断わっておこう。私は、「八割でやめよ」といっているのではない。「とりあえず先に進め」といっているのである。時間があれば、戻ってきて十割仕上げるべきだ。あるいは、十二割でも二十割でもやるべきだ。

「とにかく先へ」というのは、時間がないからである。そして、高いところに登れば、二割が自然に理解できる場合が多いからである。基礎を完璧にしようとすると、いつになっても進めない。

われわれは、日常言語を用いるとき、基礎をさほど厳密に知っているわけではない。意味をよく知らずに使っていることばは、多い。「付け焼刃」とは何を（何に）つけるのか？　「目からうろこが落ちる」という場合の、「うろこ」とは？　普通の人はこれらを正確に知らない。しかし、どのような場合に使えばよいかという「使い方」は知っている。「基礎的な」知識がなくとも、使うことはできるのである。

ポイント　基礎にいつまでも拘泥するな。先に進め。あるいは、使ってみよ。

＊　丹羽健夫氏は、学習のパターンに「理解型」（または予定調和型）と「納得型」があると述べている（「予備校教師の目」、『日本経済新聞』、1995年9月20日夕刊：この連載は、非常に面白く、示唆に富む）。前者の方法をとる学生は、学習の途中で疑問が出ても、横においておき、とりあえずは答えの出し方だけを覚えておく。これに対して、後者の方法をとる学生は、納得ができるまで先に進まない。そして、(1)これまでの日本の教育では、理解型の育成をしてきた。(2)独創的な人材を養成するには、理解型から納得型への転換が必要である、と述べている。東京工業大学の今野浩教授も、「独創的な仕事のためには、納得することが最も重要」といっている。

これに対して、私は、(1)これまでの日本の教育では、理解型の重要性を認識していなかった。(2)独創的な知的作業のためにも、理解型が必要である（十分ではないけれども）と主張している。この対立は、教育論の本質にかかわるものであろう。

4 勉強は意欲で進む

◆目標が意欲を生む

以上で、ノウハウ（勉強の方法論）について述べた。もう一つ重要なのは、**意欲**である。

ノウハウと意欲が車の両輪であり、どちらも不可欠だ。

勉強は強制されてやっても駄目だ。自ら意欲をもって行なわない限り進まない。これはよく指摘される。そして、全く正しい命題だ。

はっきりした具体的な形で目標をもっている場合、勉強の意欲は非常に強くなる。なぜなら、**勉強とは、目標と現在の状態との差を埋めるもの**だからである。

自動車の運転教習を思い出してみよう。高い受講料を払って教習所に通う。そして、必ずしも親切とはいえない教官のもとで、数ヵ月を費やす。それは、「車を運転したい」という非常に具体的な目標が目の前にあるからだ。だから、教習を受けるインセンティブは、非常に強い。人によっては、免許を取る前に自動車を買って、目標をさらに具体化している。

大学の勉強にしてもそうである。学生時代にあまり勉強せずに、社会人になってから勉学に意欲を持つ人がいる。経済学の場合、とくにその傾向が強い。これは、実際に仕事をして、経済学の必要性が具体的にわかるからだ。

一般に、逆境にある人ほど真剣な勉強をする。目標があるからだ。これに対して、「勉強は義務だ。親が強制するから」と思っている人は、意欲をもって勉強することがない。達成したい目標がないからである。

ポイント　勉強には、ノウハウとともに意欲が必要。目標があれば意欲がわく。

◆目標は具体的に

目標をもっていても、漠然としたものでは、駄目である。ビジネスマンの場合も、「自己啓発」というだけでは長続きしない。受験生も、「勉強しなければ」と思うだけでは、しばらくはねじりはちまきで続いても、すぐに挫折するだろう。

だから、目標は、具体的なものでなければならない。受験生であれば、志望校を具体的に決めることが重要である。そして、憧れのキャンパスを歩いている自分の姿をイメージする。

一般に、**イメージを伴った目標は、非常に具体的なものだ。**

医師や弁護士になりたいのなら、有能な医師や弁護士として活躍している自分の姿をイメージする。外国語なら、英語を駆使してビジネスを進めている自分の姿を想像すればよいだろう。

「非常に強く望めば実現する」というのが、私の信念である。強く望めば、日常生活のさまざまな側面がそれにあうように変わる。そして実現できる。これはある種のマインドコントロールだ。マインドコントロールとか洗脳というと、恐ろしいものと考えられるかもしれない。しかし、勉強においては、合理的なものだ。

「望めば実現する」というのは、不遜《ふそん》な発言と思われるかもしれない。しかし、どうがんばっても実現不可能なことは、「非常に強く望む」という状態にはならないはずだ。「目的を具体的に」といわれても、非現実的なものになってしまう。目標を具体的なイメージで描けるか

大学の建物はなぜ魅力的でなければならぬか

コーヒーブレイク

第二章の例文で、イギリスの詩人ジョン・メイスフィールドの詩を紹介してある。これは、大学が形成する精神世界を賛美したものである。しかし、私は、この詩を大学の建物の美しさを称えたものとも読みたい。

私は常日頃、大学の建物は魅力的なものでなければならないと考えている。なぜなら、多くの人にとって、大学の精神は、その建物によってしか感知することができないからである。つまり、大学の建物とは、大学そのものなのだ。

私の経験では、東大駒場キャンパスには何の感慨も残っていないのに対して、それと同じ年数を過したエール大学のキャンパスには、限りない思い出がある。それは、駒場の建物が「ふつうの」、つまり学生を収容するためだけの四角いいれ物でしかなかったのに対して、エール大学の建物は、たとえそれがオックスフォード大学からのデッドコピーに過ぎないとしても、まったく普通の建物ではなかったことによる。

日本でいうと、一橋大学の建物は魅力的だ。重厚ではあるけれども、権威主義的ではない。もう一つあげるなら、江田島（旧海軍兵学校）だろう。誠に単純な構造でありながら、あたりをはらう威厳と気品に満ちた建物は、ある種の奇跡さえ感じさせる。旧帝国海軍を賛美しようという気持は少しもない。しかし、このような建物を残した組織は、尋常ならざるものであったに違いない。

「ふつうの」建物に居住し仕事をする者は、ついに「ふつうの」発想から抜け出せないことに思い至れば、日本の大学の建物の現状は、日本の将来にとって由々しきことではないだろうか？ ■

どうかは、その実現可能性を判断する基準でもある（これは、同語反復のように聞こえるかもしれないけれども、そうではない）。

なお、意欲と興味は、似ているけれども別のものである。「ハングリー精神」「ガリ勉」「がんばり」などは、興味がなくて意欲だけが強い状態をさすのだろう。私は、意欲だけでなく、1で述べたように「楽しいこと」の必要性を強調している。意欲も興味も、どちらも必要である。

ポイント 目標は具体的なイメージでとらえよ。

◆ミエも重要

学校での勉強は、しばしば学友との競争で行なわれる。単なるミエで行なわれることもある。これはよいことだと、私は思う。外国語の勉強でも、誰かに**「かっこいい」ところを見せたい**というインセンティブがあれば、一所懸命勉強するだろう。

私は、小学生のとき、ソロバン塾に友人より遅れて入り、彼らを抜かして「上の級にあがる」ことだけが面白くて、熱中したことがある。高校時代を思い出しても、友人との間のミエは重要だった。ガリ勉は軽蔑《けいべつ》された。しかし、成績がよければ、素直に尊敬された。また、ミエで小説を読んだり、大学レベルの数学や物理を勉強して、吹聴《ふいちょう》しあった。そのことは、結果的には、さまざまな新しい世界を私に見せてくれることになった。だから、環境はとても大切だ。

学校の友人は、**近くて具体的な目標**だから有効なのである。人間は遠い抽象的な目的には集中できない。近い将来の身近な集団のなかでの評価のほうが、はるかに重要である。入学試験でさえ遠い目的と思える場合がある。それより、明日のクラスで級友に「かっこいい」ところを見せるほうが大事な場合が多い。

これこそが、学校という共通の場に集まる「スクーリング」の大きな意義だ。通信技術が発達し、パソコンに教育プログラムが送られてくるようになっても、自宅学習で学校を代替することは、決してできない。

◆勉強の機会があることを感謝しよう

日本は、勉強すれば夢と現実の差を縮められる社会である。階級差が厳しい社会や発展途上国では、そうはゆかない。

東アジアの街を歩いていると、就学期の子供たちが物乞いしているのが目につく。このなかには、高い潜在能力をもった子もいるはずだ。しかし、勉学の機会が与えられない以上、彼らが能力を生かすことは、ほとんど絶望的である。

「学歴社会」を批判する人が多い。しかし、職業が門閥や親のステイタスで決まってしまう社会のほうが、はるかに憎むべき社会だ。そこでは、「統治者は永久に統治者であり、兵士は永久に兵士であり、（中略）労働者は労働者に運命づけられている」。* **教育こそが、そうした状態を打破できる**のだ。学歴社会は、あらゆる人に平等に機会が開かれているという意味で、望ましい社会なのである（私は、現在の教育体制に問題がないといっているわけではない。終章で述べるように、受験体制には多くの問題がある。また、本来必要なのは学習成果であって、単なる学歴ではないことも、もちろんである）。

とくに大学生諸君は、**勉学の機会が得られたことを感謝すべき**である。せっかく大学に入学したにもかかわらず、数ヵ月すると勉学意欲を失っている学生が多く見られる。大学の外には、能力があっても来られなかった多くのひとびとがいることを想起しよう。

…

＊　ウィーナー、前掲書（p50）。

…

まとめ　「超」勉強法の基本原則

❶基本三原則

⑴楽しいこと、興味のあることを勉強しよう。知識が増えれば、興味も深まる。

⑵全体から理解せよ。部分の積み上げで理解するのでなく、まず全体を把握する。それに基づいて、「鳥の目」で各部分を位置づけよ。

(3)八割まではやり遂げよ。八割できたら先に進め。

❷ノウハウと意欲が車の両輪。具体的なイメージで目標を明確に意識しよう。

［第二章］

英語の「超」勉強法

英語を勉強する必要性は、誰でも認めるだろう。入試に英語を課さない大学は、ほとんどない。しかも、配点も高い場合が多い。大学を受験しようとする限り、英語の勉強は不可欠だ。社会に出てからも、英語は必要だ。経済活動の国際化に伴って、ビジネスマンにとっての英語の必要性は、今後ますます強まる。

こうした需要があるので、学校教育を修了したのちも、多くの人が英語の勉強を続けている。ラジオ・テレビの英会話番組や英語学校での勉強など、われわれの生活の中で、英語の勉強はかなりのウエイトを占めている。

ところが、これほど英語の勉強に熱心でありながら、日本人の英語力はかなり低い。**勉強法に基本的な欠陥がある**のではなかろうか。学校での勉強法は、英語を分解し、日本語と関連付けて学習しようとする方法である。私の考えでは、これが問題だ。この章では、学校英語とはかなり異質な英語勉強法を提唱する。

1 丸暗記法

◆教科書を丸暗記する

私は、学生時代を通じて、英語の勉強は少しも苦にならなかった。

方法は全く簡単で、**教科書を最初から丸暗記**したのである。このために特別の努力はいらない。単語の意味をひととおり辞書で調べたのち、朗読する。その際、難しい文法のことは考えず、また暗記しようと特別の努力もしない。単語帳も作らない。ひたすら朗読するのである。

これが、英語についての「超」勉強法だ。言葉をそのまま全体として受け入れるという意味で、「全体法」といってもよいだろう（ここで述べる方法は、英語に限らず、外国語の学習について一般的に適用できる）。

多くの人は、「個々の単語を記憶するだけでも苦労するのに、ましてや教科書を全部覚えるなど、大変だ」と思うだろう。しかし、この考えは、誤りである。丸暗記するのは、実に簡単だ。**二十回**も繰り返し読めば、自然に覚えてしまう（二十回ということに、格別の根拠はない。私の場合を振り返るとそのくらいであったろうか、という程度である。記憶力のよい人なら、もっと短縮できるかもしれない。また記憶しようとして注意を集中すれば、短縮できるかもしれない。なお、教科書の一ページ分くらいをひとまとまりの単位として覚えてゆく）。

二十回も読むのは大変と思われるかもしれない。しかし、時間さえあれば、誰にもできる。数学の勉強をして疲れたら、気分転換のつもりでやればよい。全く楽な方法だ。

この際、なるべく**音読**する。そして、耳で聞く。五感の多くを使うほうが、覚えやすい（五感を使う方法は、記憶一般について有効だ）。また、眠くならないし、他の刺激に邪魔されることもないから、集中できる。

ポイント 教科書を二十回音読して、丸暗記せよ。

◆ケネディの演説を暗記しよう

丸暗記法の例文として、つぎの文章を取り上げよう。

"There are few earthly things more beautiful than a university," wrote John Masefield in his tribute to the English universities — and his words are equally true here. He did not refer to spires and towers, to campus greens and ivied walls. He admired the splendid beauty of the university, he said, because it was "a place where those who hate ignorance may strive to know, where those who perceive truth may strive to make others see."

（「この地上に、大学ほど美しいものはない」。ジョン・メイスフィールドは、イギリスの大学への賛辞の中で、こう述べている。この言葉は、ここにおいても正しい。彼は、尖《せん》塔《とう》やタワー、キャンパスの中庭や蔦《つた》に覆われた壁のことをいったのではない。彼が大学の至上の美しさを称えたのは、「そこは、無知を憎むものが知ろうと努める場であり、真理を知るものが他を啓蒙《けいもう》する場だから」である）

これは、故ケネディ大統領が、一九六三年にアメリカン大学で行なった *The Strategy of Peace*（平和の戦略）と題する演説の一部である。イギリスの桂冠詩人ジョン・メイスフィールドの引用で始まるこの演説は、覚えるまで繰り返し読むに値する。それに、演説草稿なので、調子よく読める。

よどみなく暗唱できるようになるまで、繰り返し音読してみよう。何回で覚えられるだろうか？　十回くらい読めば、少しずつテキストから目を離せるのではないだろうか？　そして、もう少し練習すれば、ほとんど見なくてもいえるようになるだろう。二十回では完全に覚えられないかもしれない。しかし、慣れれば、もっと早くなる。気にしないで練習しよう。

◆試験は簡単

教科書丸暗記法は、楽なだけではない。重要なのは、効果がすばらしいことだ。

まず、**単語を楽に覚えられる**。例えば、spire＝尖塔、という言葉がある。これは、spires and towers というつながりを覚えていれば、決して忘れないはずだ（仮に全文の暗記にあやふやなところがあったとしても、このつながりはすぐに覚えるだろう）。また、tribute, strive などのあまり易しくない単語も、全文を覚えていれば確実に覚えられる。そして、tribute を覚えていると、attribute（帰する）、contribute（貢献する）、distribute（分配する）、retribution（報復）などの派生語も簡単に覚えられる（tribute の原語 *tribuere* は、ラテン語で「与える」

という意味)。
試験も簡単だ。期末試験で、前記の文章の和訳問題がでたとしよう。例えば、may strive to make others see というやや難しい文章も、前にある文章との関係から、「他人に見させようと努力するだろう」という意味であるとわかる。このように、文章の意味は、**前後の文脈から判断できる**のである。

「文中で空欄にしてある前置詞を埋めよ」という問題もありうる。例えば、“tribute ( ) the English universities,” “He did not refer ( ) spires and towers” の( )の中は何か? あるいは、つぎのような問題も考えられる。“university” という言葉が三箇所でてくる。これらを、単数、複数のどちらで書くべきか? そして冠詞をどうつけるか?

このような問題は、かなり難しい。とくに、単・複と冠詞の選択は、かなり英語ができる人でも、迷うのではあるまいか。こうした問題は、丸暗記法の独壇場である。たちどころに、かつ、このうえなく正確にできる。それはあたり前で、答えそのものを覚えているからだ。教科書を対象にした学期末試験なら、**ほとんどすべての問題に正解が書ける**はずだ。

英作文も、簡単である。覚えている文章を基本にして、単語を適宜《てきぎ》入れ換えればよい。例えば、「彼が日本を賛美したとき、彼は風景の美しさを指していった」という問題なら、文中の admire, refer to を用いて、簡単にできるだろう。

あるいは、「**に…をさせる」というのは、make ** to do...でなく、make ** do...

であることも、覚えられる。また、"because it is..." でなく "because it was..." であるという「時制の一致」(日本人にはどうしてもなじめない規則だ) も確実に覚えられる。

以上のように、「丸暗記法」は、単語、長文の読解、言葉の使い方、文法などを、すべて一括処理してしまう、**きわめて強力な方法**だ。

ポイント　教科書を丸暗記すれば、英語の成績はめだってあがる。

◆記憶は「引き出し方」が重要

この方法を始めたきっかけは、中学生の時に、学校の代表として英語のスピーチ・コンテストに出たことだった。草稿を最初から最後まで丸暗記しなければならなかった。その過程で、つぎのことを発見した。(1)部分部分ではなく、全文を連続して覚えるほうが容易。(2)ある箇所を思い出せば、あとは自動的に思い出せる。(3)単語は一つずつを無理して覚えなくとも、文章を暗記すれば自動的に覚えられる。

高校生になってからは、意識的にこの方法で勉強した。あるとき、このような方法を行なっている者が他にもいないかと思い、友人に聞いてみた。クラスで一人、やはり意識してこの方法を実行しているのがいた。彼の英語の成績は、非常によかった。だから、これは、ひとりよがりの方法ではないと確信したのである。*

いまにして思えば、この方法は、人間の記憶メカニズムから見て合理的な方法である。後述のように、人間はきわめて多くのことを記憶できる（第五章の3）。問題は、それらの大部分が検索できなくなることにある。つまり、蓄《たくわ》えてはいるけれども、引き出せなくなるのである。

したがって、重要なのは、検索対象にいたる道筋をつけることだ。まとまった文章なら、**いったんきっかけが見つかると、それを手がかりに、いもづる式に記憶が出てくる。**ひとまとまりの文脈を全部覚えていれば、どこかの部分を思い出すことで、あとは努力しなくても自動的に引き出せるのである。

……

＊浜田マキ子氏も、丸暗記法を勧めている。氏によると、浦和の進学校では、教科書暗記が必須だそうだ（浜田マキ子、『楽勉のすすめ』、経済界、１９９４年）。

……

◆単語帳ほど無意味なものはない

単語帳で英単語を一所懸命記憶しようとしている学生を見かける。これを見ていると、気の毒になる。全く非効率的な勉強法だからだ。ましてや、「辞書を最初から一語一語覚えて、覚えたページを食べた」などという苦学物語を聞くと、信じられない思いである。

彼らは、個々の単語を独立に覚えようとしている。これは大変な努力を必要とする勉強法だ。しかも、極めて能率が悪い。**個々の単語をバラバラに覚えようとしても、覚えられるも**

のではない。そのうえ、退屈きわまりない作業である。だから、「a から始めて abandon まできて投げ出した」とか、「a で始まる単語だけやけに詳しい」などということが起こる。こうした学習法は、「超」勉強法の第一原則（面白いことをやる）にも、第三原則（とにかく進む）にも反する。退屈なだけでなく、他の単語と混同してしまう危険もある。辞書のつぎに出ている言葉と取り違えたという、ウソのような話もある。

単語帳どころではない。英語の単語や熟語をこじつけで覚えようという方法を提唱している本もある。kennel を「ケン（犬）がネル（寝る）ところ」と覚えるのはよいとして、cave を「警部が洞窟に入る」などと覚えようとするのは、ダジャレにはなっても、実用価値は全くない。絶対にやってはならない方法だ。こんなことをやっていたら、英語の力はいつになってもつかない。

また、仮にこうした方法で単語の意味を覚えたとしても、実際に使えることにはならない。それは、英語→日本語という一方向の記憶だからである。前の例文に spire という言葉が出てきた。これを見て「尖塔」と訳すことは、できるかもしれない。しかし、尖塔の実物をみて spire を思い出すことは、多分できないだろう。単語帳やこじつけ法は、この点で根本的な欠陥をもっている。日本人の英語が実用にならない大きな理由は、この点にあると思われる。

もし、どうしてもカードを使いたいのであれば、単語を書くのでなく、文章を書くことに

シュリーマンも丸暗記法だった

コーヒーブレイク

トロヤの遺跡を発見したドイツの考古学者シュリーマンは、語学学習の天才でもあった。14歳で小僧に雇われてのち、仕事の合間の勉強で、15ヵ国語を完全にマスターした。

彼の学習法は、「丸暗記法」そのものだった。彼はいう*。「私は異常な熱心をもって英語の学習に専念したが、このときの緊急切迫した境遇から、私はあらゆる言語の習得を容易にする一方法を発見した。この簡単な方法とは、つぎのことにある。非常に多く音読すること、決して翻訳しないこと、毎日1時間をあてること、つねに興味ある対象について作文を書くこと、これを教師の指導によって訂正すること、前日直されたものを暗記して、つぎの時間に暗唱することである」(ここで「教師」といっているのは、彼が給料の半分近くを出して雇った個人教師である)。

英国教会にかよって説教を傾聴し、その一語一語を低く口まねした。使い走りのときは必ず本をもってゆき、暗記した。ゴールドスミスの『ウェイクフィールドの牧師』とスコットの『アイバンホー』を全部暗記した。

こうして半年で英語をマスターし、つぎの半年で『テレマコスの冒険』と『ポールとヴィルジニー』を暗記してフランス語をマスターした。この方法によって「記憶力が強くなった」ので、「オランダ語、スペイン語、イタリア語、ポルトガル語を流ちょうに話したり書くために、6週間以上を必要としなかった」。

シュリーマンは子供の時から、「いつかはギリシャ語を学ぶことが許される幸福をわれに与えたまえ」と神に祈っていた。それは34歳の時に実現した。『ポールとヴィルジニー』のギリシャ語訳を暗記することによって、現代ギリシャ語を6ヵ月でマスターした。古代ギリシャ語は、3ヵ月でホメロスを読めるまでになった。
「学校でとられている方法はまったく誤っている」と彼はいう。「ギリシャ語文法の基礎的知識は、ただ実地によってのみ、すなわち古典散文を注意して読むこと、そのうちから範例を暗記することによってのみ、わがものとすることができる」。だから、「貴重な時間の一瞬も文法上の規則の勉強のためについやさなかった」。
「私は、それが文法書に記入してあるか否かは知らないにしても、どのような文法の規則も知っている。そして誰かが私のギリシャ語の文章の誤りを発見するとしても、私はいつでもその表現方法が正確である証拠を、私が使った言いまわしの出所を古典作家から人に暗唱してみせることによって、示すことができる」という彼の言明ほど、「丸暗記法」の真髄を明らかにしたものはない。

* 引用は、シュリーマン(村田数之亮訳)、『古代への情熱』、岩波文庫、1954年による。 ■

しよう。

ポイント 単語帳で英語を勉強する限り、英語は使えない。

◆興味あるものを暗記しよう

「丸暗記法」に賛同されたら、すぐに始めるとよい。あなたが学生であれば、手始めは教科書である。英語の勉強が実に楽であることが、すぐにわかるだろう。そして試験の成績は、顕著に、かつ急速によくなるはずだ。

仕事についている人であれば、関連分野の英語の教科書を教材にする。一般のビジネスマンなら、経済学の教科書を覚えるとよいだろう。内容も一緒に覚えられるので、一挙両得だ。

できれば、**教科書に限らず、興味のあ**

るものを幅広く対象にするとよい。私は、学生時代に詩や劇の名場面を覚えた。これらは日常的な英語ではないから、実用的な価値はあまりない。しかし、文学作品をもとの形で味わえるのは、素晴らしいことだ。これこそが外国語を学ぶ最大の効用であると、私は思う。
私の経験では、全文丸暗記の対象として、学校の教科書は誠につまらないものであった。いまでは、教科書の内容は忘れてしまった。試験が終わってからも繰り返し口ずさむ内容ではなかったからである。いまでもすらすら思い出せるのは、自分で選んできたものだ。興味あるもの、自分がひかれるものを対象にするという「超」勉強法の第一原則は、ここでも重要である。

◆時間はかかる

もちろん、よいことばかりではない。丸暗記法には大きな問題点がある。それは、時間がかかることだ。付け焼刃ではできない。「明日が試験」という場合の一夜漬けには、多分使えないだろう。一ページを読むには、一分強必要だろう。教科書全体で百五十ページあれば、四時間くらいかかる。二十回読むには八十時間必要だ。仮に毎日一時間を（休みなく）この練習にあてるとしても、三ヵ月はかかる（逆にいうと、この勉強法を日常的に行なえば、一日十五分くらいずつをあてれば充分ということになる）。大学受験の場合だと、この方法を三年生になってから始めたのでは、遅いかもしれない。もっと早くから始めていることが望ましい。

なぜ時間がかかるかといえば、必要最低限のものだけでなく、すでに知っていることも暗記の対象とするからである。例えば、先の例文でも、ほとんどの単語は、すでに知っているものであろう。これらを含めて覚えるのは、一見して無駄なことのように思われるかもしれない。しかし、のちに第五章で述べるように、**記憶を確実にするためには、覚える対象を長くしたほうがよい**のである。

それに、言葉の学習に時間がかかるのは、止むをえない。簡単な方法はない。ないものを探しても、無駄である。重要なことは、**時間がかかってもよいから、確実に効果があがる方法**を見いだすことなのだ（単語帳で覚えるのは、時間がかかっても効果があがらない方法である）。

序章で、「能力差はある。しかし、それは克服しうる」と述べた。ここでも、生まれつきの能力が関係しないわけではない。物覚えのよい人なら、短時間のうちに勉強を済ますことができるだろう。しかし、重要なのは、勉強時間を増やせば、この差を克服できることだ。「丸暗記法」は、だれにでもできる英語の勉強法である。

ポイント　丸暗記には時間がかかる。しかし、確実で、だれにでもできる。

2 分解法だからできない

◆分解法対丸暗記法

以上で述べた方法は、学校の英語教育の方法とは、かなり違う。学校の授業を思い出してみよう。それは、つぎのようになされたはずだ。

例えば、"This is a book." という文章があるとしよう。

1 まず、この文章を四つの単語に分解する。

2 This＝これ、is＝である、a＝一つの、book＝本、と一対一に対応付ける。そして、個々の単語の意味を覚える。

3 次に、英語では、主語(S)、述語(V)、補語(C)の順に並ぶという「文法の規則」を習う。

4 疑問形は、be 動詞の場合にはVSCの順になることなどを習う。

5 応用は、book を pen に変えればよい、などと習う。

6 他の文型(SVO、SVOCなど)を習う。

7 分詞構文、複文節、仮定法など、もっと複雑な構文を習う。

この方法を**「分解法」**ということにしよう。

私が1で提唱した「丸暗記法」は、これとは本質的に異なる。"This is a book." を一塊りのメッセージとして、そのまま受け入れるのである。日本語に置き換えることは一切しない。その代わりに、人が本を指している姿を想像することにする。つまり、英語のメッセージに対応させるのは、行為のイメージ（あるいは、概念、主張、感情など）である。また、文章も孤立的に覚えるのではなく、長いコンテクスト（文脈）の中で位置づける。

◆分解法の問題点：単語は一対一に対応しない

分解法は、あくまでも日本語から離れず、それと英語を対応させようとしている。しかし、英語と日本語は別の体系である。このため、一対一対応が成立しない。

まず、単語のレベルにおいて、そうである。**英単語が日本語の単語に一対一に対応するわけではない。**

例えば、make を「作る」と覚えたとしよう。しかし、make には、この他にもいろいろの意味がある。「引き起こす」という意味もあるし、「行なう」という意味もある。また、目的補語を伴って「…にする」という意味になるし、to のない不定詞を伴って「…させる」という意味にもなる（先にあげた例文の make others see のように）。逆に、「作る」に対応する英語は、create, originate, form, produce, manufacture, fabricate, build, construct, compose など、いろいろある。「make ＝作る」というのは、これら多様な対応関係の中のごく一部に過ぎない。だから、「make ＝作る」と覚えている限り、英語を使うことはできな

アカウント将軍とは誰？

コーヒーブレイク

これは、占領当時の話である。だから、いまから半世紀近く昔の話だ。総司令部（GHQ）との折衝のために、日本の官庁は専門の通訳官を雇っていた。ところが大蔵省だけは、「大学を卒業していれば英語はできるはず」という考えのもと、新入生を総司令部との連絡役に使っていたそうである。

そうした一人が、GHQから帰ってきて、最近の状況を上司に報告した。「GHQではマッカーサー元帥が一番偉いと思っていたら、最近、もっと偉い将軍が着任したようです」という。理由を聞いてみると、「皆、その人の話ばかりしているから」だとのこと。

「で、その将軍の名前は？」

「アカウント将軍です！」

（蛇足：「一般会計」を英語でgeneral accountという）　■

い。

酒井邦秀氏は、『どうして英語が使えない？』という大変面白い本の中で、「water＝水、head＝頭、a few＝二、三の、of course＝もちろん」という一対一対応が、すべて間違っていると指摘している。*微妙に意味が違う用語から適切なものを選択するのも、難しい。決して機械的にはできない。論理的、分析的に判断できないこともある。多くの場合、多数の用例から帰納的に導くしかない（それは、日本語でも同じである。本書のタイトルにしても、「勉強」

と「学習」のどちらを使うかは、随分迷った。「学習」というのは、正確で透明な言葉であるけれども、文部省の文書に出てくるようなよそよそしさがある。あえて抵抗感もあり若干泥臭さもある「勉強」という言葉を選んだのは、多くの用例を考慮してである）。

……

＊　酒井邦秀、『どうして英語が使えない？』、ちくまライブラリー、1993年。

……

◆分解法の問題点：単語は関連付けないと覚えにくい

孤立した個々の単語は覚えにくいけれども、英語の文脈のなかで他の部分と**関連付ければ、覚えやすくなる。**これは、すでに spires and towers を例にとって説明した。「丸暗記法」は、記憶のこのようなメカニズムを用いて、単語を文章の中に位置づけて覚えようとする。

試験の直前などで時間がないときでも、できるだけ文脈のなかに位置づけて覚えるべきだ。最低限、二つ以上の単語を組みあわせて覚える必要がある。

私自身、学生時代に知らなかった単語がある。覚えようとしてもどうしても覚えられない「鬼門のことば」というものがあるものだ。例えば、resilient という言葉をどうしても覚えられなかった（「柔軟な」とか「弾力性のある」という意味）。ところが、数年前に、*Home Alone* という映画のなかで、主人公の男の子が“Children are resilient.”（子供は何にでも対応できる）といっているのを聞いて、一度で覚えてしまった（そして、決して忘れない）。

◆分解法の問題点：聞き取れない

日本人は、英語を聞くのが苦手だ。その原因は、よく指摘されるように、**英語のリズムを把握していない**からである。

そうなる原因は、分解法にある。分解法では、すべての単語を同じような比重で把握する。教室で教科書を朗読するとき、すべての単語を同じ強さで発音し、平板に読む。しかし、実際の英語は、そうではない。強調したい部分を強く発音する。そうでない部分は、弱く発音し、多くの場合にいくつかの単語をまとめて発音する。これが英語のリズムである。これがわからないと、いくらゆっくり話されても聞き取れない。

例えば、"There are some books on the table."という場合、強くはっきりと発音するのは、some, books, table のいずれかのうち、強調したいものだけである。there are は、せいぜいザラとしか聞こえない。普通は、何をいっているかわからない。「ゼア　アー」と発音されたら、馬鹿にされたような気分になる。この点で、英語と日本語はかなり違う。

重要でないところは、いくつかの単語をまとめて発音しているから、いくら「ゆっくりしゃべってください」といわれても、ネイティブ・スピーカーは、個々の単語を別々に発音はしない。演説やニュースなどの正確な英語であっても、個々の単語を別々に発音しているわけではない。口語だと、もっと激しい。"I am going to"は、「アムゴナ」と発音する。これでひとまとまりなのであって、これ以上には分解できない。「アイワナ」(I want to)もそうだ。"Get out of here."（「出て行け」）は、「ゲラウラヒア」としか聞こえない。

◆分解法の問題点：冠詞と前置詞の使い方

冠詞や前置詞の使い方は難しい。日本人にとって一番難しいのは、多分この二つだろう。私は、エール大学で博士論文を書いていたとき、指導教官に「内容はよいけれども、英語がおかしい。とくに冠詞の使い方がおかしい」といわれた。

この判断は、理屈ではできない。また、辞書を引いてもよくわからない。実際、アメリカ人に聞くと、論理的に答えるのではない。何度か口ずさんで、「こちらだ」という。ちょうど、日本人がテニヲハについていうのと同じである。その感覚を養うには、多くの文章を丸暗記するしかない。分解法では駄目である。

先にあげたケネディ大統領の演説について、「university を単複どちらでいうか？　冠詞は何か？」という問題を考えた。この答えがなぜ例文のようでなければならないのか、説明できる人は少ないだろう。「特定の既知のものは the、不特定の未知のものは a」というルールでは必ずしも説明できない。実際、私には、すべて定冠詞なしの複数形が適切なように思える。

いったん単複・冠詞の使い方が気になって書いたものを直し始めると、それればかり気になって、内容どころではなくなってしまう。しかも、正解がわからないので、いつまでも修正が続く。これは、一見して「八割原則」には背《そむ》くように思われよう。そんなことはどうでもよいから、内容をきちんとしたほうがよいと。確かに、話し言葉の時はそれでよい。これらは、はっきりとは発音しないからである。しかし、文章ではそうはゆかない。エール大学の指導教官がいったように、冠詞を間違えていると、正式な博士論文とはみなされないほどなのだ。**書く英語では、冠詞は決して「二割」ではない。**

前置詞も難しい。石山輝夫氏は、「A社にその品物を注文した」という場合、toを使っては誤りで、"We ordered the goods from the A company."としなければならない、という例をあげている。*日本人の感覚からいえば、どうしてもfromではなくtoになってしまうのである。また、先にあげた例文の中の"tribute to the English universities"にしても、forではないか、あるいはtowardかonか、などと悩むことがあるのではなかろうか。

前置詞は、辞書の例文をみれば、かなりの程度はわかる。だから、迷ったときは、必ず辞書を引く必要がある。しかし、そもそも**迷うためには、ある程度の英語感覚が必要**だ。"We ordered the goods to the A company."と聞いて、「どこか変だ」と思わなければ、辞書を引くこともないだろう。そして、こうした感覚は、分解法では身につかない。できるだけ多くの文章を丸暗記するしか方法はないのである。

＊ 石山輝夫、『日本人に共通する英語のミス・ビジネス編』、ジャパンタイムズ、1991年。

◆分解法の問題点：英語的な表現ができない

先にあげた例文で、「彼の言葉は、ここでも正しい」という部分があった。これを和文英訳しようとすると、"What he wrote can be applied to this university."などといいそうである。これでも意味は通じると思う。しかし、あまり英語的な表現ではない。日本人には、なかなか例文のような言い回しは思いつかない。こうした感覚は、**沢山の文章を読むことによってしか獲得できない**ものだ。また、ivied walls というような表現を知っていると便利であるけれども、なかなか日本語からは思いつかない。

もっとも、受験英語では、こうしたことはあまり重要でないかもしれない。また、実生活では、「英語的な表現」ができなくとも、通じさえすればよいと思われるだろう。しかし、「日本語的な表現」は、通じないこともあるのだ。

外国の一定地域を旅行するときに、水に気をつける必要がある。ある地域では、生水を飲むと間違いなく下痢をする。東南アジアを旅行したときのこと、ホテルの部屋に水差しがおいてあったので、「この水は飲めるか？」"Can I drink this water?"と聞いた。答えは、yes だったので飲んだところ、ひどい下痢に見舞われた。この問いは、誤解されたのである。ホテルのボーイは、多分、「水を飲むことは禁止されていない」という意味で yes と答えたのであろう。あるいは、彼らにとっては十分飲める水だから yes と答えたのだろう。私は、「この水は煮沸《しゃふつ》されているか」と聞かなければならなかったのだ。日本語的英語は、時として、命にかかわる。

さらに厄介なことに、「英語的な表現」とは、論理的に正しい表現であるとは限らない。とくに口語の場合には、奇妙な表現が多い。例えば、他人のコップに湯を注ぐとき、「ちょうどいいところで、言って」というのを、“Say when.”という（“Say when to stop pouring.”「止めるべきときに、言え」の意）。問題は、それへの答えだ。日本語では、「ハイ、そこ！」という。だから、“There!”といいたくなる。ところが、英語では何と、“When!”と答えるのである。問いを「When を言え」と解釈しての答えであろうけれども、実に奇妙だ。

電話で、“Can I speak to Mr. Smith ?”と聞く。本人が出ていると、普通は“Speaking.”という答えが返ってくる。ところが、“This is he.”と答える人もいる。“This is Smith.”の Smith を he で置き換えたのであろう。しかし、日本人が聞くと、混乱する。“Who is he?”と聞き返したくなるくらいだ。

◆分解法の問題点：退屈

分解法の問題点は、面白くないことだ。**無味乾燥で、少しも興味がわかない**。単語の暗記が退屈なことは、すでに述べた。文法も、つまらないし、覚えにくい。分解法は、「超」勉強法の第一原則に反している。

言葉を覚えるなら、内容に興味を引かれるもののほうがずっと楽しい。言葉の響きに生理

ドイツ語とフランス語

コーヒーブレイク

ノーベル平和賞の受賞者、アルベルト・シュバイツァーは、アルザス・ロレーヌ（ドイツ名、エルザス・ロートリンゲン）地方の生まれである。ここはドイツとフランスの国境地帯なので、両方が母国語になる。

シュバイツァーは、この二つの言語を比較して、面白いことをいっている。フランス語は論理的で、ドイツ語は音楽的だというのだ。

フランスは平野の国であるから、人は危険が近づくのを目でみる。このため、目が発達し、美術が発達した。そして、フランス語は、見晴らしのよい平野のように明断な言葉になった。外交文書でフランス語版を正本とするのは、誤読のしようがないためである。

これに対してドイツは、森の国である。南ドイツの黒森（Schwarzwald）で木に登ったリスは、そのまま地上に降りることなく北海まで行けたほどだ。見通しのきかない森で危険を察知するのは、音による。そこで、ドイツ人は耳が発達し、音楽に秀でた民族となった。ドイツ語は、森の中の迷路のように不明解である。しかし、音楽的な響きは素晴らしい。

まったくその通りだと思う。ドイツ語では、接頭語や接尾語が加わると、元の言葉と随分違う意味になったりする。森の妖精のようだ。半面で（あるいは、それゆえに）、特に女性の話すドイツ語は、非常に美しい。

それを堪能するには、モーツァルトの「魔笛《まてき》」を聞くとよい。ここでは、台詞《せりふ》がドイツ語で語られている。「夜の女王」の台詞を始めとして、実に素晴らしい。■

的な快感を覚えるときもある。

私は、高校生のときドイツ語を勉強していた。それは、何とかしてヘッセを原文で読みたいと思ったからである。学び始めてからは、その音楽的な響きに魅せられた。副読本で読んだ短編小説『詩人』（*Der Dichter*）は、いまでもほぼ全文を暗唱できる。東大大学院の学生だったドイツ語の先生が、レコードでヘッセ本人の朗読を聞かせてくれた。ｓが清音となる南ドイツ特有の発音を、ゾクゾクする思いで聞いた。

外国語の学習というのは、このように素晴らしいものだと思う。それをなぜ、分解法でつまらなくしてしまうのであろう。

◆英語と日本語を対応させてはならぬ

「英語と日本語を一対一に対応させることはできない」という事実は、最初に外国語を学び始めた中学生には、わからない。要領のよい学生は、いずれそのことに気づくだろう。しかし、要領の悪い学生は、いつになっても気づかない。実際、中学のあるクラスメイトは、「日本語の〈は〉にあたる言葉は、英語では何なのか」と質問していた。これは、一対一思考から抜け出していない証拠である。先生がそう教えているのだから、このような質問が飛び出しても、不思議はない。そして、この発想から抜け出せないと、英語の学習は非常に能率の悪いものになってしまう。

繰り返そう。日本語と英語は違う体系であり、一対一に対応しない。英語は日本語とは別の言葉である。個々の単語を日本語に対応して置き換えることはできない。

これを教えるのは、中学校の英語教師の大きな責任だと思う。しかし、教室での教え方は、逆である場合が多い。中学の教育だけではない。大学入試でも、英文和訳を要求している。これは、悪しき試験問題である。とくに逐語訳を要求するのは、英語と日本語の一対一対応を強制することになるから、望ましくない。本当は、日本語に置き換える問題でなく、文意を理解したかどうかを見る問題が欲しい。仮に和訳を求めるにしても、直訳と意訳の差があまりないような問題を出して欲しい。

ポイント　英語を分解するな。全体として把握せよ。

◆基礎にこだわっては進めない

「正確な発音が重要だ。最初に妙な癖をつけるとあとで直らないから、基礎をしっかりすべし」という英語教師が多い。

しかし、例えばrとlの区別は、日本人には非常に難しい。いくら練習しても、その音だけでは聞き分けられない。これを正しく習得することは大変重要であるけれども、これだけにこだわっていては、いつになっても英語は話せない。他にやることが沢山ある。

流れるように正確にしゃべれなくとも、日本式発音で十分なのである。学者には、発音が

いまだに残る変則英語主義

コーヒーブレイク

明治初期の英語教育においては、漢文を読むのと同じように、返り点と送り仮名をつけて英語を読む方法がとられていた。「英語を英語の発音で学習すべし」とする（いまから見れば当然の）考えがでてきたのは、明治中期になってからである。しかし、旧方式（「変則法」と呼ばれた）は依然勢力が強く、新方式（「正則法」）が一般的になったのは、明治後期になってからである。「正則英語学校」というのは、「正則法の英語を教える学校」という意味である。

大正期になって、イギリスの言語学者パーマーが来日し、oral direct method（口頭直接法）による英語教育の改革を進めようとした。しかし、教師の力不足などのために普及しなかった。戦後も、oral approach（口頭法）を強調する意見は多かった。しかし、いまだに、分解法が用いられている。変則法は完全には死んでいないのである。■

非常に悪くても、コミュニケーションを立派に行なっている人が多い。会話の場合、本当に必要なのは、言葉そのものというよりは、内容なのである。**内容さえしっかりしていれば、伝わる。**税の専門家同士の話は専門用語の連続でさっぱりわからないと、ある通訳がいっていた。

「基礎が重要」というのは、多分正しい。しかし、基礎ばかりやっていては進歩がない。「基礎をしっかりマスターしてからでないと進めない」という考えは、疑問に思う。これは「超」勉強法の第三原則（八割原則）である。

ポイント　発音については、八割原則で進行せよ。

◆英語細胞で考える

高校時代の英語担当のK先生は、「英語の細胞を作れ」といった。脳細胞の中の「英語細胞」で英語を読み、考えなくてはいけないというのである。これは、もしかすると、単なる比喩ではないのかもしれない。英語を扱う脳細胞は、日本語細胞とは別のものかもしれない。[*]

私は、経済学のかなりの部分の教育は、アメリカで受けた。だから、そうした部分については、英語で考えることが多い。例えば、つぎのような文章が、経済学の論文によく出てくる。

Assume that utility u is a function of x and y. We wish to maximize u subject to the constraint $ax+by=c$, where a, b, and c are positive parameters. We first consider the case when u is linear homogeneous.

このような文章を読んで内容を追う場合、決して日本語には置き換えていない。むしろ、$u=u(x, y)$, $max.\ u$ というような数式に置き換えている。数式は、英語の語順そのものだ。だから、英語のままで頭に入れてゆくほうがよくわかる。「$ax+by=c$ の制約の下で u を最大にする」などと訳すと、かえってわからなくなってしまう。また、linear homogeneous などという特殊な言葉も、英語のままで概念を受け入れるほうがわかりやすい。[*2]

ところで、英語細胞を生かしておくためには、**つねに英語を使っている必要**がある。そうしないと、英語細胞が窒息して、死んでしまうのである。私は、外国での会議や講演の前には、FEN（九七年、AFNと改称）の放送（後述）を聞いて、死にかけた英語細胞を生き返らすことにしている。これをやらないと、適切な言葉を忘れてしまう。また、英語のリズムに乗れなくなる。

＊ これと矛盾してみえるようなことを、私は英語のスピーチのときに行なっている。第五章の6〈メモに頼れ〉の項の注＊2を参照。

＊2 学術用語には、日本語ではかえってわかりにくいものがある。例えば、「最尤法《さいゆうほう》」といわれても、何のことかわからない。"maximum likelihood method"のほうがずっとわかりやすい。

◆分解法が役立つ場合

誤解のないように、最後に注記しておこう。私は、分解法がまったく役に立たないといっているのではない。あるいは、文法を勉強しなくてよいといっているのでもない。

文法は、ある程度英語を勉強したあとなら、系統的に理解し整理するために、非常に有効だ。例えば、前置詞の使い方は前述のように難しい。しかし、その使い方には規則があるから、それを覚えれば、正確に使える。

単語の意味も、分解してわかるときがある。例えば、preposterous（馬鹿げた）という単語は、pre（前）post（後ろ）ous（形容詞を作るための接尾辞。「……が豊かにある」の意）と分解すれば、「前にあるものがうしろに来てしまう＝馬鹿馬鹿しい」とわかる。英語には、ラテン語やギリシャ語から来ている接頭辞、接尾辞が多いので、難しい単語の多くは、分解して意味がわかる。

さらに、**発音が規則的にわかる**ときもある。とくに、「母音＋子音＋eと続く場合、母音はアルファベットの発音どおりになる」というルールは、非常に規則的だから、覚えておくと便利だ。例えば、rate［ei］, gene［iː］, kite［ai］, note［ou］, tune［juː］のように。

このように、分析的なアプローチでさまざまなことがわかる。実際、外国語を学ぶプロセスは自国語を学ぶそれとは本質的に違うのだから、文法などのルールは最大限に活用すべきだ。とりわけ、英語はかなり論理的だから、ある程度勉強したあとなら、構文を解析して読むのは、効率的だ。

それだけではない。英語に慣れてからルールを勉強すれば、「**発見の喜び**」もある。それまでバラバラに覚えていたことが統一的な法則で説明されると、快感を覚える。

私が主張したいのは、分解法「だけ」では駄目だということである。文法のルールを勉強する際、例文となるものがすでに頭の中になければならない。**最初から文法と発音だけをやるから、興味を失うのである。**

日本では、語「学」という。外国語を学ぶのは、学問であり、難しいものだという先入観がある。それをとりはらうことが必要だ。

ポイント **分解法は、英語を習得してからあとで効果を発揮する。**

13 受験の英語

◆教科書の丸暗記だけでよい

これまで述べてきたように、丸暗記法で勉強すると、教科書を対象とした学期末試験では非常によい点がとれる。また、英語をコミュニケーションの手段として実際に使う際にも役立つ。これは、多くの人が納得するだろう。

では、入試は大丈夫か？　教科書がそのまま出題されるわけではないし、受験英語では実用英語とは別の特別な知識が必要だともいわれている。だから、「教科書を丸暗記するだけでは不十分ではないか」と不安をもつ受験生がいるかもしれない。

私は、これに対して、「大丈夫だ」と答えたい。まず、入試で必要な単語は五千語程度といわれている。**教科書をすべて覚えていれば、これらをカバーできる。**熟語や構文についても、教科書にないようなものは、まず出題されない。もちろん、教科書にない単語や熟語が出ることは、皆無とはいえない。しかし、それは例外である。序章で述べた「八割原則」でいえば、「二割」に相当する。八割の単語について、意味や用法をしっかりと習得することが重要だ。それによって、試験の成績は、八割どころか、九九％は確保できると考えてよい。

出題者は、教科書の範囲を逸脱した問題を出すと批判されるので、慎重になっている。代表的な国立大学はこのような批判に曝《さら》されやすいので、「範囲を逸脱した」という意味での難しすぎる問題は、絶対といってよいほど出さない。[*] あまり一般的でない単語は、意味が注記してあることが多い。試験が難しいのは、文章が長くて読むのに時間がかかるためか、あるいは、構文が複雑で意味を取りにくいからである。

では、文法の知識は必要だろうか？　「分詞構文」や「不定詞」といった文法用語を知らないと解けない問題があるか？　少なくとも主要大学については、そうしたものもない。内容が文法的に正しければ、大丈夫である。

だから、高校三年間の教科書をすべて丸暗記すればよい。サイドリーダーを用いている場合には、これも暗記する。教科書より内容が豊かな場合が多い。できれば、興味がある本を自分で探して読もう。受験勉強のためには、「知的水準の高い」文章を読むのがよい。

もし時間に余裕がなくて急ぐ場合には、短い文例集でもよいだろう。[*2] 多少無味乾燥なのは、止むを得まい。

＊　これは、他の学科についてもいえることである。いわゆる有名大学ほど、入試問題はオーソ

ドックスなものになる。第六章を参照。

＊2 ただし、一般に使われているものが適切かどうかは、疑問である。酒井邦秀氏は、前掲書の中で、『基本英文700選』を「天下の奇書」と批判している。

◆聞き取りへの準備

しばらく前から、主要な大学の英語の入試で、ヒアリングが課されるようになった。これは、大変よい傾向である（なお、ヒアリングというのは和製英語であり、正しくは、listening comprehension である。入学試験では、「聞き取り」といっている）。

聞き取りのコツは、**英語のリズムを正しく捉えること**だ。文章中のアクセント（単語中のでなく）がどこにくるかに注意しよう。すでに述べたように、重要な部分は、ゆっくり強く発音する。そこを注意して聞けばよい。

入学試験の聞き取りで出題される英語は、内容も文章の構造もかなりやさしく、かつ正確であり、しかも通常話すよりはゆっくりしている。したがって、聞き取りのために特別の訓練はいらないと思う。現在の日本では、英語を聞くチャンスはいくらでもある。そのための装置をもっている学校も多い。ラジオやテレビの会話番組でもよい。テープも多数販売されている。これらを用いて正確な英語を聴く訓練をすればよいだろう。

◆スペリングは手で覚える

綴《つづ》りは、何度も書くことによって、**手の運動として覚える。**アルファベットに分解して覚えようとしても、できない。理屈で覚えようとしても、理屈がない(とくに英語の綴りは、あまり規則的でない)。また、複雑で長い単語は、とてもアルファベットでは覚えられない。私は手の運動でスペルを覚えているので、「アルファベットで綴りをいえ」といわれても、いえない。書かないと駄目だ。しかし、スペルは書くときに必要なので、ソラでいえなくても、問題はない。

なお、ワープロが発達して、スペルチェックが非常に簡単になったので、あまり使わない言葉のスペルを覚える必要はなくなった。難しいスペルを覚えるというのは、受験の特殊事情になりつつある。本来は、ワープロ時代に応じて試験問題のほうを直すべきだと思う。ワープロ時代には、英語のスペルは、キーの打ち方として手で覚える必要がある。だから、もしテストをするなら、キーボードをたたかせてみるべきだ。

◆小説を英語で読んでみよう

私は、中学生のとき、ジョージ・パルの映画『宇宙戦争』を見て大変興奮し、その原作であるH・G・ウエルズの *The War of the Worlds* をなんとか読みたいと思った。しかし、その当時、翻訳がなかった。そこで、丸善でペンギン文庫を買ってきて、苦心惨憺《さんたん》して読ん

コーヒーブレイク

デルタンと森先生

「デルタン」(『試験にでる英単語』、青春出版社)は、いまでも受験生の間で抜群の人気があるスーパー・ベストセラーだ。私の手許にある本の奥付には、「1808版」という、信じられないような数字が書いてある。

実は、著者の森一郎先生は、高校時代の恩師である。尊敬しているだけでなく、恩義もある。何度かお宅にお邪魔したし、レクラム文庫の『ファウスト』をいただいたこともある。

しかし、この章で述べたように、単語を独立して覚えるという勉強法も、一語一意主義も、私は賛成できない。デルタンは、覚えていない単語を試験直前にチェックするために用いるべきだ。

ただし、デルタンは、きわめて重要なメッセージを含んでいる。それは、「従来の受験参考書で重要単語を選ぶ基準とされてきたソーンダイク頻度統計表が、使い物にならない」という指摘である。森先生は、その論拠を、「中学二、三年生程度の学力の人が読む書籍などを対象として作られた頻度表は、知的レベルの高い大学入試問題にはあてはまらない」と説明している。全くそのとおりだ。

実は、このことは、「デルタン」の書き出しの部分を読んだときに、私自身が感じたことである。ここには、「A：重要単語集にはのっていないのに、試験にでる単語」と、「B：重要単語集にのっているのに、試験にはでない単語」の例が示されている。私にとって、A群の単語は、ごく普通に使っているものばかりであった。しかし、B群の単語には、なじみがなかった。そして、知らないものが多かった。その理由は、私の英語への接し方にバイアスがあるためである。私が読む英語は論文、評論などであり、会話は議論やインタビューなどである。いずれも、日常の生活英語ではない。私が知っている英語は、「知的レベルが高い英語（だけ）」なのだ。そして、入試問題の出題者は、私と同じバイアスをもっている。だから、問題に頻出する英語を私が理解しやすいと感じるのは、当然なのである。

このように考えると、丸暗記法でも、「デルタン」が指摘する条件は満たせることがわかる。「知的水準の高い文章」を読めばよいのである。■

だ。よく理解できないところが多かった。しかし、とにかく英語の本を読んだということは、大きな自信になった。「牛に引かれて善光寺参り」をやったわけである。

　実は、興味のある英語の本をどんどん読むというのは、受験にとってもかなり有用だ。意味のわからない単語や文章があっても、あまり拘泥《こうでい》せずにとにかく読み進む。面白い本なら、先が読みたいから、自然にそうした読み方になるだろう。これは、長文読解に必要な技術である。入試の長文読解で知らない単語を見ると、「駄目だ」と思ってしまう受験生が多いのではなかろうか。しかし、わからない部分があっても、全体の大意は把握できる場合が多いのである。

　こうした技術をマスターするには、実際に英語の本を読むのがよい。そして、英語を読んでいるということを忘れるような経験をするのがよい。この場合の絶対必要条件は、**「読みたくてたまらない」本を読む**ことである。「牛に引かれる」からこそ歩くのだ。

◆できれば第二外国語を

高校の時に第二外国語を勉強しておくと、**東大の受験には有利**である。「英語で手一杯なのに、第二外国語など、とても手が回らない」と多くの受験生は考えるだろう。しかし、これは間違いだ。東大の場合、英語の第四、五題を第二外国語にかえることができる。第二外国語をとると、非常に有利になる。

なぜか？　それは、時間がかからないからである。第二外国語として出題されている問題は、**かなりやさしい。しかも、短い**。だから、あっという間にできる。これに対して、英語の第四、五題は、かなり難しく、しかも長文の問題である。したがって、時間がかかる。受験は時間との競争だから、「すぐできる」というのは、大変な利点なのである。浮いた時間を、他の問題にあてればよい。しかも、第二外国語を選ぶかどうかは、試験場で問題を見てから決定すればよい。

この制度は、高校生に第二外国語の学習を勧めるためのボーナスである。この特典は利用したほうが得だ。もちろん、第二外国語の授業はない高校が普通だろう。その場合は、ラジオやテレビの講座で独学すればよい。私は、名講義として有名だった「関口存男のドイツ語講座」をラジオで聞いていた。

なお、ドイツ語かフランス語を勉強して自信がつけば、その外国語を第一外国語として受験することも考えられる。英語に比べると問題がやさしいので、受験のテクニックとしては、大変効果的である。

4 ビジネスマンの英語

◆英語の時代は続く

これまでも、外国語といえば、ほとんどの場合に、英語であった。これからも英語の時代は続くだろう。国際交流の増加に伴って、この傾向はもっと強まる可能性が高い。これまで英語でコミュニケーションができる人は、企業や官庁の中で「英語使い」、「国際派」などと呼ばれ、どちらかというと特別の人たちと見なされがちだった。しかし、これからは、普通の人にとって英語が必要になるはずである。

英語ができないと、活動の範囲は著しく狭くなる。学者の場合、自分の専門分野について、英語で討論し論文を書くことは、だいぶ前から必須のことになっている。

逆に、**英語で意思疎通ができれば、世界は実に大きく広がる。**英語は世界の共通語だからである。英語を母国語としない人々とも、英語を介してコミュニケーションができる。スポーツ選手でも、芸能人でも、英語で会話ができれば、活躍の場は大きく広がる。また、重要な本であれば、ほとんどのものが英語に翻訳してある。だから、英語を読めれば、人類の知的遺産のほとんどすべてに接することができるのだ。旅行でも、英語で用事がたりるところは多い。アジアでも、中国と韓国以外は大丈夫だ（この点が中国語と異なるところである。母国語人口ということでいえば、英語人口は約三億なので、中国語人口のほうが多い。しかし、中国語は、ローカルな言語である。英語を公用語として使う人口は約十億、外国語として使う人口は約七億であり、これらを含めれば、世界人口の半分近くが英語を使っていることになる）。

日本では、ほとんどの文献や文学作品が自国語で読める。大学レベルの教科書や参考書も日本語だ。もし英語でしか読めないものが多ければ、必死で英語を勉強するだろう。日本人の英語が上達しない大きな理由は、ここにもある。

◆アメリカで通用しない英語教官の英語

ビジネスマンが英語を学ぶ目的は、仕事のためのコミュニケーションである。英語学や、文法の講釈ではない。このためには、分解法では絶対に駄目だ。とくに話し言葉の場合には、即座に反応しなければならないから、「英文和訳」や「和文英訳」をやっていては、追いつけない。

日本人は、大学教養課程を含めると八年間も英語を学習しながら、実際には使えない人が多い。英語塾の類《たぐい》が乱立しているのは、学校教育では不十分ということの証拠だ。それどころではない。ある新聞に、英語の教官が「初めてアメリカに行って空港におりた途端に、自分の英語が全く役に立たないことを知って愕然《がくぜん》とした」と書いていた（大昔の話ではない。数年前のことである）。愕然とするのはこちらである。大学の英語教官の英語が役に立たないのだ（これは特殊ケースであるとは思うけれども）。

私は、「学校英語は読み書き中心だから、会話が駄目」といっているのではない（実際、すでに述べたように、会話は内容があればできる）。そうではなく、英語教育のコンセプトが間違っているといいたいのである。

残念ながら、受験英語と大学教養課程の英語でいかによい点をとっても、それで英語が使えることにはならない。それは、教えている内容が不適切だからである。大学の英語の授業では、専門分野の事項でなく、英文学を教えていることが多い。学生は、分数の読み方すらわからない。経済学部であれば、経済について英語で議論できるような訓練をしてくれないと困る。日本の英語教育体制は、本質的な見直しが必要だ。

◆ディベート用英語を教えてほしい

私は、アメリカの大学院で英語の授業を聞いたとき、それまで教わらなかった表現が多用されるのを聞いて、非常に印象的に感じた。例えば、“in such a way that…”（…のようにして）という表現がある。これは、複雑な内容を話すときに、大変便利である。日本の学校で、なぜこのような表現を教えてくれなかったのだろう。

“I believe that…”（私は…と信じる）、“it seems to me that…”（…のように思われる）、“in the sense that…”（…のような意味で）などthatを用いる表現は、議論の際に便利である。“I think that…”（私は…と考える）というのは、正しい英語ではないかもしれないけれども、多くの人が使っているので、私もよく使っている。

なぜこれらが便利かといえば、thatといってから一瞬は考えをめぐらすことができるからである。話がとぎれてしまうと、他人に割り込まれる。thatをいえば、「いまは割り込むな」という意思表示になる。実際、数人のアメリカ人と議論するときには、**とにかく話し続ける**ことが重要だ。私がアメリカの学生生活で初めて覚えた表現の一つは、“Let me finish.”（最後までしゃべらせてくれ）である。

英会話で教えてほしいのは、“How are you?”ではなく、こうした「ディベート用英語」なのである。**挨拶《あいさつ》は、所詮《しょせん》挨拶**である。言葉ができなくとも、にこにこ笑っていればよい。しかし、討論は、**言葉を武器とする戦い**だ。なまくらな武器では、勝ち目はない。これを学校で教えてくれなかったのは、そもそも日本に討論の習慣がないからだろうか（最近の文部省指導要領では、このような“communicative English”を高校で教えることが選択できるようになった。しかし、現場の教師が対応できるかどうかが疑問だといわれている）。

なお、口語で一般的な人称を示すには、youをもちいる。これも、学校で習わなかった。最初は違和感を感じるけれども、慣れれば便利であるし、相手との親近感も増すような気がする。

ポイント　挨拶英語ではなく、討論用英語と関連ノウハウを習得せよ。

◆丸暗記法の泣き所：数字

「教科書丸暗記法」で自動的に習得できない唯一のものは、「数字」である。

数字は日常生活で非常に重要だ。ところが、一般に欧米の言語では、数字が不規則である。フランス語で十を超えると、私はお手上げだ。

大きな数字になると、位取りが異なるので、聞いたときにすぐに理解できない。five hundred thousand などという簡単な表現でも、咄嗟《とっさ》にはつかめない。自分で話す場合も、難しい。単位も異なる場合には、二重に翻訳しなければならないので、さらに混乱する。「日本のGNPは何ドルか？」、「東京からニューヨークまで何マイルか？」等々。

受験の場合には、即座に反応しなくてもよいから、数字はあまり問題にならない。しかし、会話の場合には、時間遅れゼロで反応する必要がある。とりわけ、人の話を聞いているときには、そうだ。単位や位取りの換算をやっている間に、話はどんどん進んでしまう。面倒でも、代表的な数字を個別に覚えるしかないだろう。そして、頻繁に話す対象については、英語の単位でどの程度の数になるかを覚えておくしかない。

ポイント　単位の換算を要する大きな数は、英語で覚えよ。

◆旅行者用外国語

外国旅行でその国の言葉が必要になるのは、(仕事の関係を除けば)、交通機関、買い物、食事、ホテルだろう。これらの場合、とにかくしゃべることが重要だ。例えば、買い物で「これを三つ下さい」というのは、身振りでわかる。そのとき、**何でもよいから、言葉をしゃべるのがよい**。相手が英語を理解しなくても、英語でしゃべればよい。場合によっては、日本語でしゃべってもよいのである。数字だけ書いて示せばよい。

しかし、レンタカーでドライブする場合に限っては、それとはレベルの違う会話能力が要求される。その国の言葉を、かなり正確に使えることが、必要である(最低限、英語は絶対に必要である)。事故を起こしたときに、言葉ができないと、窮地に陥るからである。例えば、自分に非がないときに、それを警官に説得的に説明できなければならない。相手に非があるのに言葉で負かされてしまっては、駄目である。最近では、日本人も外国でレンタカー・ドライブをするようになった。しかし、**言葉に自信のない人が自分で運転するのは、危険きわまりないことだ**。

ポイント　旅行の際には、通じなくてもしゃべればよい。ただし、車を運転するときは別。

◆FENをテープで聞こう

英語を、普通のスピードで聞けるように訓練しよう。そのコツは、何度も繰り返すように、**リズムに乗って聞く**ことである。もちろん、日本語に翻訳してはいけない。英語のままで理解する。

ここで問題なのは、アメリカ英語とイギリス英語は、リズムが非常に違うことだ。アメリカ英語に慣れると、イギリス英語は聞きにくくなる。私は、イギリス人の英語を聞くと、途中で引っかかってしまうことが多い。

では、どちらを選ぶか。私の意見では、アメリカ英語だ。習う機会が多いし、多分、使うチャンスも多いからである（ただし、イギリス赴任や留学が決まっている人は、別）。

練習のためには、FEN（Far East Network：極東アメリカ軍放送）のニュース番組を録音して、通勤時間に聞くのがよい。毎時ニュースがあるし、ニュース解説なども実に充実している（週日の夕刻に放送している）。NPR（National Public Radio）などをそのまま流している。これは、軍の色のかかっていない教育番組そのものである。英語の勉強には最適だ。CNNのこまぎれニュースより、ずっと聞きでがある。

ニュースの取上げ方や見方が日本とは違うことも多いので、面白い。自分の専門分野に近いトピックスなら、何度でも繰り返し聞く。英語特有のいいかたが覚えられる（地方によっては、FENを受信できないかもしれない。この場合は、市販のテープを買ってこよう）。

ポイント FENを録音して、通勤時間に聞こう。

◆映画は適切な教材でない

最近ではビデオやLDが簡単に手に入るようになったので、映画の英語も簡単に聞けるようになった。そこで、これを英語聞き取りの教材に使えばよいという意見がある。英会話の教材として売られているものもある。映像と言語を結びつけられるという意味で、映画教材がすぐれていることは、事実である。

しかし、日本人向けの英語教材として、映画は不適切な場合が多いと私は思う（テレビ番組、歌なども同じ。ただし、歌は英語のリズムをとらえるには適当な教材である）。なぜなら、映画の英語は、日常的な会話が多く、崩れた言葉が多いからである（『ローマの休日』のような特殊例は別）。これは、日本人には聞き取りにくい。外国人が『男はつらいよ』の寅さんの会話や落語を理解しにくいのと、同じことである。だから、**映画の英語を聞いて、「とても聞き取れない」と落胆する必要はない**。教材として用いるのであれば、正確な言葉が話されている映画を精選しよう。

映画の英語を聞き取れなくとも、外国人として英語を使うには、不自由しない。私は、映画の英語はよく理解できないことが多い。しかし、外国の学者と共同研究するには、何の支障もない。**正しい英語を聞ければよい**のだ。正しい英語とは、知識人が正式な場で用いる英

ジョージアで内乱？
——難しい外国の地名

コーヒーブレイク

日本人が外国でとまどうのは、地名の読み方だ。数年前、アメリカのテレビでニュースを見ていたら、「ジョージアが内乱状態」といっている。画面をみると、戦車が出動しているではないか！　ジョージア州がいつの間にこんな騒ぎになったのかと仰天したら、実はこれは、グルジア共和国のことであった。

アメリカに初めていったときのことだ。アナウンサーが「ハンフリー大統領候補がミニアプラスで演説した」といっている。ミニアプラス？　地理で習わなかった新しい街ができたのか？　次の日に聞くと、「ミニアプラスセンポー」と名前が変わった。この新しい街はどんどん進化している！　「インディアナプラス」、「フィルドーフィユ」、「カナディカ」なども、わからない（これらは、それぞれ、ミネアポリス、セント・ポール〔ミネアポリスの隣の町〕、インディアナポリス、フィラデルフィア、コネティカットである）。

アクセントが違うと通じない場合もある。ニュージャージー州にある「ニューアーク」は、前にアクセントがある（「ヌ」アークと発音する）。これを真ん中の「ア」にアクセントをおいて発音すると、「ニューヨーク」と間違えられる。近くにあるだけに、トラブルが起こる可能性がある。

イギリスには、イギリス人も間違うひどい地名がある。ロンドンから南にケント地方に向かう列車に乗ると、Tonbridge という駅がある。ところが、その次の駅が Tunbridge というのである（正確には、Royal Tunbridge Wells）。間違えて降りてしまってウロウロしているおばあさんを見たことがある。■

語である。ニュースの英語は、その典型だ。

どんな英語をも聞き取るというのは、極めて大変なことなのである。これについて見切りをつけることが重要だ。私は、アメリカ南部のアクセントが聞けない。また、イギリスのいくつかの地方（とりわけマンチェスター付近）のアクセントも聞けない。オーストラリア英語も駄目である。また、スラングもわからない。しかし、私はあるとき、これらを聞き取る努力をするのは、費用効果比があまりに高いと気がついた。ここでも、八割原則を適用しよう。

ポイント **正確な英語が聞ければよい。映画の英語は難しい。**

◆インターネット時代は書く英語の時代

最近「インターネット」という言葉を、新聞や雑誌でよく見かける。これは、世界の多くの国をカバーするコンピュータのネットワークのことである。現在すでに、学者の間では、インターネットの電子メールがごく日常的な通信手段になっている。

インターネットの時代は、「書く」英語の時代である。英語を書いてコミュニケーションを行なう。このためには、正確な英語を書けることが必要だ。

インターネットの時代には、話さなくて済むので、ヒアリングと発音に弱い日本人には有利になるという人がいる。しかし、逆である。一番難しいのは書くことだ。

すでに述べたように、話す場合には、内容さえしっかりしていればよい。しかし、書く場合にはそうはゆかない。正確な文章を書けないと、(英語の能力だけでなく)一般的な能力を疑われる。外国人が下手な日本語を書くと、能力を疑う(会話が下手でも、そうは思わない)。英語の場合には、同じことを相手に思われていることになる。ビジネスマンの英語というと、会話と同義に思っている人が多い。しかし、これは間違いである。**重要なのは、文章を書くことだ。**

ポイント　これからは、英会話だけでなく、英語の文章を書く必要が高まる。

◆書く訓練は専門分野の教科書で

では、英語を書く訓練はどうしたらよいか。名文を書く必要はない。自分の専門分野の事柄について、正しい英語を書くことが先決だ。

専門用語は辞書や用語辞典を引けばわかる。しかし、動詞や前置詞の使い方がわからない。これを覚えるには、専門分野の**教科書を読む**のが一番よい。

経済やビジネスの分野なら、経済学の教科書を読む。マクロ経済学の有名な教科書であるDornbush and Fischer, *Macroeconomics* (McGraw Hill)は、経済英語の教科書としても最適である。平易で正確な英語で書かれている。このような教科書を読んで、例えば「GNPが年率五%で成長した」、「金融緩和で国債の利回りが低下した」、「円がドルに対して強くなった」、「先物市場に売り注文を出す」といったことをどのように表現するかを勉強する。索引を利用して、どこに書いてあるかの見当をつけて読む（こうした目的のためには、教科書がCD―ROM形態になっていると便利だ）。

ゼミナールで輪読の教科書に英語の本を使うと、折角のチャンスなのに、翻訳を使っている学生がいる。もったいないことをするものだ。

◆いつから始めても遅くない

外国語の勉強は、何歳になってもできる。「社会人になってからでは遅いだろう。三十歳をすぎたら外国語の勉強は無理だ」などといってはいけない。

私の場合、英語の会議で臆せずに話したり、講演をしたりできるようになったのは、留学が終わって帰国し、学者になってからあとのことである。つまり三十代の後半になってからである。これには、FEN勉強法が役に立った。留学中（二十代の末から三十代の初め）には、講義を聞いたり、レポートや試験の答案を書くということは、もちろんやっていた。しかし、大勢の前で長時間話すことは、なかなかできなかった。

シュリーマンは、六十四歳になってからアラビア語を勉強した。前回の旅行のときに船の契約で掛値をされ、言葉を知らないことを残念に思ったからだ。そして、短期間のうちに、日記をアラビア語でつけられるようになった（あの難しいアラビア文字を使ってである！）。

アルジャノンに花束を

コーヒーブレイク

ダニエル・キースの短編小説『アルジャノンに花束を』は、日本でも翻訳された同名の長編ベストセラー小説のもとの短編である。* 長編はドタバタ劇や恋愛物語が付け加わって、密度が低くなってしまった。短編は、緊迫感に満ちた名作である。

知能増強手術の実験台になった主人公の日誌の文章が、知能の向上に伴って変化する。“Dr. Strauss says I shud rite down what I think and evrey thing that happins to me from now on.”（すとらうすせんせいわ僕わ僕がこれからかんがえることやなんでも僕におこることをかいておきなさいとゆった）というたどたどしい文章から始まり、叡知《えいち》の頂点に登りつめたときには、“I recall your once saying to me that an experimental failure or the disproving of a theory was as important to the advancement of learning as a success would be.”（実験上の失敗または理論の反証は、人知の進歩にとって成功と同様に重要であるとの貴方の言葉を、いま私は想起する）という感動的な文章になる。英語の文章の勉強には、とてもよい教材だ。これを読んでいると、自分の英語は一体どの段階なのだろうと心配になる。

なお、アルジャノンというのは、主人公とともに実験台となったネズミの名で、“flowers”はその墓への献花である。「花束」と訳すと、立派なブーケを想像する。私のイメージでは、二、三輪の野の花だ。

* Daniel Keyes, “Flowers for Algernon”, in R.Silverberg ed., *The Science Fiction Hall of Fame,* Avon, 1971. ■

私も、退職して時間ができたら、新しい外国語に挑戦したいと思っている。イタリア語は、そのためにとってある。中国語の勉強もしたい。あのアクセントは魅力的だ。そして、中国を旅行して直接に中国人と話してみたい。

外国語ができれば、退職後、外国に住むこともできる。住宅も生活費も安い。日本の年金で過ごせば、どこにいっても大金持ちだ。問題は、コミュニティとのつきあいと、病気になったときの病状説明である。これらはいずれも、言葉の問題だ。言葉ができれば、人生の可能性は大きく広がるのである。

まとめ 英語の「超」勉強法

❶英語の勉強は、教科書を丸暗記するだけでよい。二十回音読すれば覚える。教科書がつまらなければ、興味のある本を覚える。
❷英語を分解して日本語に対応させる「分解法」は、間違った学習法だ。
(1)英語と日本語は一対一に対応しない。
(2)単語は孤立しては覚えられない。
(3)分解法だと、英語的な表現や用法が身につかない。

⑷分解法は無味乾燥で退屈。英語がつまらないと考える学生が多い原因は、分解法にある。

❸受験のためにも、丸暗記法で十分。

❹ビジネスマンにとっての英語の重要性は、今後ますます強まる。英語ができれば、世界は大きく広がる。

⑴FENのニュースを聞く。映画の英語は、適切な教材ではない。

⑵インターネットの時代には、書く英語が重要になる。

［第三章］

国語の「超」勉強法

英語と違って日本語は、少なくとも小学校高学年になれば、ある程度なら読んだり書いたりできる。会話は、もちろんできる。だから、それに加えて何を勉強したらよいのか、あまりはっきりしない。もちろん、難しい漢字や語彙《ごい》は、勉強しないと身につかない。しかし、これら以外に何を勉強したらよいのか？

教える側でも、これについての明確な方針をもっていないようだ。学校の国語の授業を振り返ってみよう。そこで習ったのは、主として、漢字の読み方や難しい言葉の意味ではなかったか？ しかし、これらは、国語の勉強では周辺的なことに過ぎないのである（実生活では、辞書があれば解決がつく）。

重要なのは、**「読む技術」と「書く技術」を習得する**ことだ。これらは技術である。訓練によって習得するものだ。そして、その技術を獲得したか否かは、実に大きな意味をもつ。社会生活では、さまざまな場面に影響が如実に現われる。受験では、国語の学力は他の科目にも影響する。

それにもかかわらず、日本の学校教育では、読み書きを技術として意識していない。これは誠に不思議なことだ。この章では、「読む技術」と「書く技術」を中心に、国語の勉強法について述べる。

1 始めに字数ありき

◆サイズを把握せよ

読むにしても書くにしても、まず重要なことは、**対象の「サイズ」を把握することだ。**

最初からこのような注意をすれば、奇異に感じられるだろう。実際、このことは、あまり意識されていない。手許にある「文章読本」、「レポートの書き方」などの本を見ても、これを強調しているものは、皆無である。「対象を知れ」という場合に通常問題とされるのは、論文かエッセイか小説かといったような、内容による区別だ。もちろん、この区別は重要である。しかし、それと同時に、「サイズ」も重要な要素なのである。以下に述べるように、いかに書き、いかに読むかの方法論は、サイズによってかなり異なる。

さて、新聞・雑誌の記事であれ、事務文書や論文であれ、通常の文章には、典型的な長さがある。それらは、表3・1の**四つのレベル**として示されている。

レベルが一段上がるごとに、分量がほぼ十倍になることに注意しよう。もちろん、ここに示す字数は一応の目安であり、実際にはかなりの幅がある。しかし、まずは、典型的なケースについて考え、レベルごとにいかに性格が異なるかを把握しよう。

第一レベル：細胞

第一レベルは、**百五十字**程度である。以下では、これを**「細胞」**と呼ぼう。

試験の論述題では、普通、解答をこの程度の長さに制限する。事務文書ではメモが、連絡文書では葉書が該当する。新聞では、「ベタ記事」がこの程度の長さである。

細胞が一つで独立するのは、右の場合以外には、あまりない。通常の文章では、この程度のまとまりは、一つのパラグラフを構成する。

これを「細胞」と呼んだのは、**内部構造を持たない**からである。つまり、この長さの中では、内容が一様である。この範囲で述べられていることは、すべて同一の方向を向いており、相対立する複数の内容は盛り込まれていない。

第二レベル：短文

第二レベルは、**千五百字**程度のまとまりである。新聞の社説や雑誌のエッセイは、この程度の長さだ。オフィスにおける簡単な事務連絡文書や企画書も、この程度である。会議に提出する個々の資料も、このくらいの長さであろう。本の中では、これが節または小節を構成する。このレベルの文章を**「短文」**と呼ぶことにしよう。

大学入試で「長文読解」として出題される問題文は、普通、このレベルのものである（「長文」というのは受験界の特殊用語であり、普通の用語では、「短文」である）。また、「小論文」では、この程度の長さの文章を解答として要求している。**入試**では、このレベルが最大単位であって、個々の問題文や解答文が**これより長くなることはない**。

表3・1　文章の4つのレベル

レベル	名称	字数	入試	事務文書		新聞	雑誌	本
1	細胞	150	論述題の答え	メモ	葉書	ベタ記事	パラグラフ	パラグラフ
2	短文	1500	長文読解問題、小論文の答え	企画書、会議資料	連絡文書	社説、重要記事、エッセイ	エッセイ	節、小節
3	長文	1万5000 (400×37.5枚)	なし	調査報告		なし	論文 (長めのもの)	章 (短めのもの)
4	本	15万 (400×375枚)	なし	なし		なし		本

注1．字数は代表的な場合。
　2．レベル2と3の間は連続している。

これは、細胞が十個程度集まって形成される。**文章の「構造」**（または、「構成」）が問題とされるのは、このレベルからである。これは、細胞（あるいは、細胞群）をどう並べるかという問題だ。

第三レベル：長文

第三レベルは**一万五千字**（四百字詰め原稿用紙三十七・五枚）程度である。これは、ひとまとまり作業の結果報告である。雑誌の論文は、この程度のものになる（実際には、もう少し短いものが多い）。社会科学の場合、独自の分析や調査結果を実験やデータ解析を論拠としながら述べるには、通常、第二レベルでは無理で、この程度の長さが必要になる（自然科学では、もっと短い）。オフィスワークでは、調査や業務の詳細な報告がこのレベルに該当する。本の場合には、章がこのレベルになる(ただし、普通はもっと長い。本書の場合も、そうである)。このレベルの文章を**「長文」**と呼ぶことにしよう。

基本的な構造は、短文のそれを拡大したものとなる。ただし、より複雑な構造をとることもある。また、各部分の叙述は、より長く、充実したものとなる。

実は、第二レベルから第三レベルまでは、連続している。つまり、この中間の長さの文章もある。したがって、この範囲にあるものが、**内部構造**をもった文章である。第二レベルが最も短く、第三レベルが最も長い。

第四レベル：本

第四レベルは、**単行本**のレベルであり、**十五万字**程度である。これは、第三レベルの「章」が十個程度集まった長さになっている。

本は、各章を独立して読めるような構成になっていることが多い。章が互いに関連しつつ有機的な構造を作ることは、あまりない。つまり、長文における「構造」がそのまま相似的に拡大して本の構造となることはない(ただし、小説やドキュメンタリーなどは別であり、章が連続している)。実用書の場合、他の章を見ないと全く理解できないというような書き方は、普通しない。

ところで、これまで、「文章」などという用語を、定義しないで使ってきた。議論が混乱しないよう、本書における用法を、つぎのように定義しておこう。

・**文**：句点（ピリオド）で区切られる文字の集まり。

・**段落**（パラグラフ）：改行で区切られる文の集まり。本書では「細胞」といっている。

・**文章**：文の集まり。

ポイント　すべての文章は、四つのレベルのどれかに該当する。

◆文章の構造：三部構成とせよ

「第一レベルは細胞で内部構造をもたない」「第二レベルから第三レベルまでの文章に内部構造がある」「本を構成する各章は、独立している」と述べた。もちろん、実際には、そうでないものもある。例えば、千字程度の気軽に読めるエッセイは、あまり構造を意識しないで書き流してあるものが多い。また、細胞の中に複数の異なる内容を盛り込んでしまった文章もある。

だから、以上で述べた性格づけは、典型的な文章についてのものである。しかし、それらを読む場合には、重要な知識である。また、書く場合の心構えとしても重要だ。そこで、いま少し詳しく、文章の「構造」について述べよう。

「構造」とは、同質的ではない内容を、どのように配置するかという問題である。起承転結とか序破急とかいうのは、これに関するパタンを述べている。どのようなパタンを選択するかは、内容により、また著者により、異なる。以下では、「論文」(学術論文、解説論文、レポートなど)を想定して述べよう。

論文を書く際のガイドラインとしていえば、「起承転結」は、必要ない。* とくに、「転」は、もともとは詩作のためのものであり、現在ではプロがエッセイなどを印象深く書くためのテクニックである。だから、普通の論文では、ないほうがよい。私は、**序論、本論、結論の三部構成**とすることを勧めたい。各部を、一:八:一程度の比重にする(全体が長いほど本論の比率が高くなる)。

短文(第二レベルの文章)を書く場合にもっとも重要な注意は、**論点を一つに絞ることである。**主要な論点が二つ以上あると、論点がぼけたり、読み手が混乱したりする。

長文(第三レベルの文章)では、構成にとくに気をつける必要がある。本論の部分を、短文の場合より複雑な構造とすることができる。ただし、主要な結論は、「一言」でいえなければならない。学生の論文に対して「要するにどういうことか」と聞くと、延々とした説明がかえってくる場合がある。これは、内容が十分に考え抜かれていない証拠だ。

ポイント **論文は三部構成とせよ。短文に二つ以上の論点を入れるな。**

……

* 澤田昭夫氏は、起承転結は詩作の原理であり、論文の原則としては適切でないと述べている。そして、「序、本論、結び」の三部構成にすべきだとしている。私もこの意見に賛成である。澤田

……

昭夫、『論文の書き方』、講談社学術文庫、1977年(p104)、澤田昭夫、『論文のレトリック』、講談社学術文庫、1983年(p31、p74)。
木下是雄氏、篠田義明氏も、同じ主張をしている。木下是雄、『レポートの組み立て方』、ちくま学芸文庫、1994年(p118)。篠田義明、『成功する文章術』、ごま書房、1992年(p74)。

◆論文構造の例

論文においては、構成が非常に重要である。財政政策について論じる場合を例にとって、具体的に説明しよう(表3・2参照)。

(1)序論

まず、「現時点で必要な財政政策は何か？」というように、**問題提起**を行なう。ここには、論文が答えようとする問題が述べられている。これは、普通、問いの形であらわすことができる。*

ところで、「財政政策」というだけでは、問題はまだ漠然としている。そこで、「為替レートとの関連で考える」というように、**問題の限定化**を行なう。

入試の小論文では、問題提起にあたる部分は、通常、論題として与えられている。ただし、その論題は、かなり範囲の広い漠然としたものであることが多い。千五百字程度で書くには、もっと焦点を絞る必要がある。そこで、大テーマのどの部分に焦点をあてて論じるか、あるいは、いかなる観点から論じるかという「問題の限定化」から始めることになる。

分量に余裕があれば、さらに、「予算編成シーズンが近づいてこの問題を議論する必要性が強まった」などという**背景説明**も述べられる。本格的な論文なら、**先行研究のサーベイ**も必要だ。

(2)本論

本論の構成は、分量により、また論ずる内容により、かなり異なる。

表3・2に示した例では、まず2・1・1で、これまでの議論をまとめている。この論文の目的が従来の見解の批判であるため、対立点を明らかにしているのである。[*2]

2・1・2が論文の中心部分であり、ここで経済理論や実際のデータなどを用いつつ、分析を展開している。表3・2に示すように、この部分は、さらに内部構造をもっている。

ここで得られた結論をもとに、従来の考えを**批判**したり（2・1・3）、「仮定を変えるとどうなるか」などの**留保条件**も付け加える（2・1・4）。

ところで、表3・2の例では、本論はここで終わらない。2・2で、為替レートを円高、円安のどちらに誘導すべきかについて述べている。2・1の内容が**客観的な分析**であるのに対して、ここで述べられているのは、**主観的な判断**である。この両者があいまって、結論が導かれる。

表3・2　論文構造の例

1　(序論)
　1・1　現時点で必要な財政政策は何か。(問題提起)
　1・2　為替レートとの関連で考える。(問題の限定化)
2　(本論)
　2・1　財政拡大が為替レートに与える影響。(客観的分析)
　　2・1・1　従来の議論。(対立意見の紹介)
　　2・1・2　財政拡大が為替レートに与えるメカニズム。(本論文の分析)
　　　2・1・2・1　資本移動などに関する仮定。(仮定の明示)
　　　2・1・2・2　利子率の変化を通じる影響。(分析)
　　　2・1・2・3　過去の財政拡大の分析。(実証)
　　2・1・3　従来の議論のどこが間違っているか。(批判)
　　2・1・4　仮定を変えるとどうなるか。(留保条件)
　2・2　現時点の為替レートをどう評価すべきか。(主観的判断)
3　(結論)
　財政拡大は円高をもたらす。他方、現時点で円高を進める必要はない。だから、現時点では財政拡大は必要ない。

このように、本論部分の構造は、かなり複雑なものになる。とくに重要なのは、**「枝分かれ」の構造**である。この例では、まず2・1と2・2に分かれ、2・1がさらに2・1・1と2・1・2に分かれ、後者がさらに枝分かれしている。書き手は、この構造を明確に意識し、読み手が理解しやすいよう配慮する必要がある。とくに、どことどこが同レベルで対応しているかを示す必要がある。他方で、読み手は、この構造を正しく捉える必要がある(これについては、本章の2で述べる)。

なお、財政拡大の経済効果としては、為替レートへの影響以外にも、さまざまなものがある。例えば、需要構造を変化させるという側面もある。長文(一万五千字程度）の場合には、これらをも扱い、その結果、主要な論点が複数になることもある。この場合、構造はさらに複雑になる。しかし、短文（千五百字程度）では、これらについて触れることは難しい。論点は「為替レートとの関連」というように、一つに絞る必要がある。

(3)結論

本論での検討をまとめて、「だから、現時点では財政拡大は必要ない」というような結論を導く。これは、**序論で提起した問題についての答え**である。

この他に、議論しなかった論点や、留意点について述べることもできる。また、より大きな問題との関連を述べてもよい。ただし、これらは、あくまでも本論で扱ったテーマの補足でなければならない。全く新しいテーマについての議論を結論部で展開してはならない。

＊　ここで、「私は経済理論をよく知らないのだが、編集部からのたっての依頼だから、止むをえずつたない経験を述べることにした」などという「言い訳」をいっては駄目である。このような言い訳が最初にある文章は、まず、読む価値がない。

＊2　これは、「先行研究のサーベイ」とはやや性格が異なる。なお、この部分は、序論におくこともできる。

◆分量で内容が決まる

このように、「何をどのように書くか」は、分量によって異なるのである。全体の分量は、通常、与えられている。だから、これにあわせて内容を考える必要がある。内容から分量が決まるのではない。この点は、実に多くの人が誤解している。文章を書く場合に何よりも先にすべきことは、**全体の分量を把握する**ことなのである。

もちろん、要求される分量は、表3・1に示す典型的なものとは限らない。例えば、四百字のエッセイを書く必要があるかもしれない。この場合に必要なのは、「細胞を三個」と捉えるか、あるいは「三分の一に圧縮した短文」と考えるかの判断である。

文章を日常的に書いていると、無意識のうちにも、こうした判断ができる。しかし、普段文章を書いていないと、カンが鈍る。また、文章を書き慣れていない人は、この判断ができない。というより、判断が必要という意識なしに書き始める。このため、分量が足りなくなったり、途中で終わってしまったりする。

大学紀要の原稿で、枚数が限度を大幅にオーバーしていたり、「紙面に余裕がないので書けない」などと言い訳しているものをよくみかける。これは、論文を書き慣れていないことを暴露するものであり、見苦しい。

ある雑誌で連載エッセイを始めたとき、非常に書きにくいと感じたことがある。原因は、字数にあった。そのエッセイの分量は、約四千字で、ちょうど第二レベルと第三レベルの中間だった。ところが、それまで私が書いてきたものは、第二レベルのエッセイか第三レベルの論文が多く、その中間に位置するものは、あまりなかった。このために、四千字の位置づけに迷ったのである。まさに、「帯に短し、たすきに長し」であったのだ。書くのに慣れたのは、十回目頃からであった。

なお、以上で述べた注意は、話す場合にも必要だ。例えば、パネル・ディスカッションでの一回の発言は、文章の場合の「細胞」数個分に相当するものでなければならない（最初の発言は少し長くてもよいけれども、せ

長さではしばれない論文

コーヒーブレイク

「内容によって長さが決まるのでなく、長さによって内容が決まるのだ」と述べた。しかし、数学の論文だけは、例外のようである。

重要な論文で数ページしかないというものは、多数ある。経済学の基礎理論でよく引用される「角谷の不動点定理」の論文は、わずか3ページしかない。他論文で引用されている箇所をまとめれば、たぶん本1冊分ではすまないだろう。

他方で、非常に長いものもある。難問の一つとされていた「四色問題」（隣の地域を常に異なる色になるように塗り分けるには、四色あればよいという問題。1850年に出題され、1976年に解決された）の証明は、数百ページもあるという。「フェルマーの最終定理」の証明（1995年3月にプリンストン大学のワイルズ教授によって証明された）は、主論文が140ページだそうだ。■

いぜい「短文」レベルまでだ)。ところが、大論文に相当する「長文」を話そうとしたり、講義のつもりで話し始める人がいる。それどころか、分量をまったく意識せず、「とりとめもなく」話す人も多い。これでは「ディスカッション」など不可能だ。

ポイント　与えられた分量にあわせて書く内容を考える。逆ではない。

2　速く正確に読む技術

◆論文の精読：最初と最後から

1で述べたことは、文章を読む場合にも、重要な知識である。まず、表3・1で示した四つのレベルのうち、どれを対象としているかを意識する必要がある。

第一レベルの文章(細胞)は、内部構造がなく、一つのまとまった内容を述べている(はずである)。したがって、全体を代表する文を捉えることが重要だ。適切に書かれている文章では、キー・センテンスは冒頭に置かれていることが多い(必ずというわけではない。このパラグラフのキー・センテンスも、冒頭にはない)。

大学入試の現代文における「長文読解」の問題文は、第二レベルの文章(短文)だ。まとまった報告書や専門的な論文は、普通、第三レベルの文章(長文)である。ビジネスマンや研究者が読むものは、この程度の長さのものが多い。そこで、以下では、主として第二レベルから第三レベルの長さの文章を精読するための方法論について述べよう。

これについては、非常にはっきりした、しかも簡単なノウハウがある。それは、**文章の最初と最後をまず読むこと**である。

1で述べたように、最初には問題提起が、そして最後に結論が書いてある(はずだ)。だから、まずこの二箇所を読めば、全体の概要を摑むことができる。その分量は、多くとも全体のおよそ二割である。途中は、結論を導くための論証と、読者を説得するための材料だ。この部分は、あとから読む。

小説などは、結末を見てしまっては興味がそがれる。だから、最初から順に読まなければならない。しかし、論文や事務文書は、そうではない。最も重要なところをまず読むべきだ。岸信介氏は、商工省の事務官のとき、文書を最後から読んでいたそうである。

ポイント **理解のためには、文章の最初と最後をまず読む。**

◆三ラウンド法

この方法をもう少し具体的に述べよう。

第一ラウンド：全容把握

最初と最後の数パラグラフを読む。これで、**テーマと主要な結論**を知る。

第二ラウンド：通読

つぎに、全文を通読する。通常は最初から順に読む。

ここでのポイントは、**理解できない箇所があっても、拘泥せずに進む**ことだ。内容を理解するというより、むしろ何がどこに書いてあるかを知るために読む。

このラウンドの目的は、表3・2に示されるような構造を正しく捉えることである。表の例でいえば、(1)2・1と2・2が対応している、(2)2・1・2と2・2が中心である、(3)2・1・2は、2・1・2・1、2・1・2・2、2・1・2・3から構成されている、ということを正しく把握する。

この際、漫然と読むのでなく、重要そうなところと理解できないところに、下線を引いたりマークをつけたりしておく。また、必要に応じてメモを書き込んでおく。これらは、あとから読み返すときのためである。なお、この必要があるので、必ず**筆記用具を持って読む**ことにする。論文を読む場合に、マークや書き込みで汚すことを恐れてはならない。借り物の論文なら、コピーをとって読むことにしよう。

第三ラウンド：拾い読み

全部読んだら、主要な結論が何かを考える。それがどのように導き出されたかをチェックしてゆく。このときは、順に読むのでなく、マークしたところを中心に、**重要な点をピックアップ**しながら、行きつ戻りつして読む。時間がないときは、第二ラウンドを省略してもよい（この場合はマークをつけてないから、重要なところを見当をつけつつ読む）。

異常に長いタイトルの本

コーヒーブレイク

最近の経済学の論文では、主要な結論を冒頭に書くことが多い。忙しい読者（＝重要な読者）は、最後までは読んでくれない危険があることを考慮して、そういうスタイルになりつつある。

新聞は昔からそうであった。忙しい読者が途中までしか読まなくともわかるように、また、他の記事があとから入ってきて切られても生き残るような構造になっている。例えば、ある有力政治家の死去を伝える記事は、a 死去の日時と死因、享年、b 最近10年間の活動歴、c 葬儀日程、d 病状の経緯、e 経歴の詳細、という順序になっていた。

読者が忙しくなってくると、このように、重要な内容を前へ前へとおく傾向が強まる。そして、最終的には、主要な内容をタイトルにつけてしまうことになる。学術論文では、そのような長いタイトルのものがめずらしくない。

もっとも、長いタイトルの本というのは、昔からあった。1624年から30版以上を重ねたあるベストセラーのタイトルは、つぎのようなものであった[*]。

『古代および現代の哲学者、自然の秘密、また算術、幾何学、宇宙形状学、時計学、天文学、航海術、音楽、光学、建築、統計学、力学、化学、噴水、花火等の実験より抽出された、現在までに一般には明らかにされていない数学の娯楽および雑多な問題集。大部分の原典はギリシャ語およびラテン語で書かれ、近年フランス語でヘンリー・ヴァン・エッテン・ゲントにより編纂され、そして現在、検証、訂正、付録を加えて英語版で登場』

＊　マリリン・ヴォス・サヴァント（河野至恩、吉永良正訳）、『史上最大の難問が解けた！』、白揚社、1995年。■

多くの人は、ここで述べたような読み方をしていると思う。しかし、キマジメな人は、最初から順に読み、ステップごとに理解してゆかなければならないと思っているかもしれない。しかし、そのような思い込みは捨てることにしよう。また、これまで無意識的に行なっていた人は、意識的に行なうようにしよう。

ポイント　論文を精読するには、全容把握、通読、拾い読みの三ラウンドで行なう。

◆体系は全体から理解する

このような読み方が効率的なのは、つぎの二つの理由による。

第一の理由は、人間が体系を理解する場合の効率性にある。個々の部分を積み上げて全体を把握するより、**最初に全体の鳥瞰図を得るほうが、理解しやすい**。ある文を個別に取り出すと意味がわかりにくくとも、**文脈**によって理解できる場合が多い。つまり、周囲との関係や全体の中での位置づけを把握することにより、理解するのである。全体をおさえていれば、各部分の位置づけは、よくわかる。これは、「超」勉強法の第二原則(全体から理解する)だ。

学術論文は、非常に凝縮して書いてある。しかも、さまざまな知識を前提としている。専門家が当然知っているとされる概念や定理は、説明せずに用いている。だから、読むのは難しい。難しいところにひっかかって進めないと、いつになっても最後まで辿《たど》りつけない。「超」勉強法の第三原則(八割原則)を適用して、難しい部分はあとから考えることにしよう。

第二の理由は、論文を構成する各部分は、論理的に一直線につながっているとは限らないことである。多くの場合、それらの間の関係は、多層構造をなしている。とくに長文（第三レベル）の場合はそうだ。

表3・2をみよう。本論の構造は複雑だ。この表に示したような枝番号がふってあれば、まだよい。しかし、普通はそうした書き方はしない。小節の区別さえせずに続けて書いてある場合が多い。だから、多層構造における対応関係が、ただちにはつかめない。

また、予想される反論に答えるために、わき道に入る場合もある。表の2・1・4にあたる部分がさらに枝分かれし、かなりの分量になっていることもある。

このように、書く側にはさまざまの「事情」がある。それにもかかわらず、文章は一次元的な展開にならざるをえない。だから、読む側は、それを知った上で効率的に読めばよい。理解するには、必ずしも文章の順序に従う必要はないのである。むしろ、従わぬほうがよい場合が多い。

表の2・1・4の部分は、最初に全体を理解するときには、飛ばしても構わない。また、わき道がある場合にも、飛ばしてよいだろう。しかし、最初にその箇所を読んでいると、わき道に入っていることがわからないこともある。実際、三ラウンド法の第二ラウンドで通読しているとき、あまり重要でないところにマークをつけている場合もある。だから、できるだけ早く通読して全体像を把握し、個別部分の位置づけを知ることが必要なのだ。

ポイント 全体の概要を把握していると、部分は理解しやすい。

◆速読のルール：音読しない

以上で述べたのは、精読すべき文章であり、しかもそれが与えられている場合だ。しかし、実際には、もっと大雑把に読むべきものも多い。そこで、**速読**の技術が必要になる。

学校の国語の授業では、教科書を最初から順に、ゆっくりと朗読してゆく。これは、速読とは正反対の方法だ。要領のよい学生は、自分自身の経験から、速く読む方法を自然と身につける。しかし、学校の授業に忠実な生徒は、いつになっても、「最初から順に一字一句読む」という癖から抜け出せない。国語教育が速読に無関心なのは、困ったことだ。そこで、速読の方法について考える必要がある。

まず、速読にはさまざまなレベルがあることに注意したい。とりわけ、**読む対象によって異なる**。密度の高い学術論文は、速読は難しい。これは、三ラウンド法によって、精読する必要がある。これに対して、ストーリーがある娯楽的な読み物は、とくに意識しなくとも、自然に速読になってしまう。また、一冊の本でも、重要な箇所はゆっくり読み、そうでない箇所は飛ばして読むといったこともある。

したがって、どんな場合にも適用できる一般的な方法があるとは限らない。「速読法」と称して宣伝されている方法を否定するわけではないけれども、それだけが唯一の方法ではないと思う。さまざまな速読法があってもよいはずだ。

英語の場合には、母国語であっても、速読のために特別の訓練をする必要がある。しかし、日本語ではキーワードが漢字（場合によってはカタカナ）で書いてあるので、それを追って読むことで、おおよその意味がわかる。特別の訓練を受けなくとも、意識して練習するだけで、誰でもある程度の速読はできるはずだ。

ただし、どんな方法をとるにしても、必ず守るべき最低限のルールがある。それは、決して**音読しない**ことだ。音読する限り、速読はできない。一定の範囲の文章をひと塊りのものとして「見る」ことによって、意味をとる必要がある。

ポイント　音読しないことを注意すれば、誰でも自然に速読できるようになる。

私の場合についていうと、速読は、おおまかにつぎの二つのレベルに分けられる。

◆調べ読み：ページ単位

まず、本などをざっと一覧して、**読むに値する箇所はどこか**を判断するための速読がある。いわゆる「調べ読み」だ。単行本であれば、一冊を十分程度で行なう。本を買ったあとでコーヒーショップに入ったとして、コーヒーを飲み終わるまでの間にその本の概要を捉える程度のスピードが、目安である。

この場合、すべての文章をもれなく見ているわけではない。上空から地上を概観するよう

わかりやすい講演のコツ

コーヒーブレイク

私の講演はわかりやすいといわれる。なぜか？　平易な内容を話しているわけではない(「やさしい」話は、部分部分はわかっても、全体としてわからない場合がある)。聞き手にわかりやすいように、工夫をしているからである。

まず、全体のアウトラインを示すレジメを事前に用意し、配る。それを見ると、聞き手は、いま聞いていることが全体の中でどこに位置するかがわかる。つまり部分と全体の関係がわかる。だからわかりやすいのである。口頭の場合、文書と違って、全体の概要を把握したうえで現在の位置を確認するのが難しい。そして、それがわからないと、聞いている人は内容を理解しにくい。

レジメでは、大項目を3つだけ設定する。最初に、「話したいことは3つある」と予告して、おおまかに紹介する。3つに絞るのがコツである。インプットの数があまりに多くなると、人間は理解できなくなる。実際、「これから述べたいことは、15ある」とでもいったら、多くの人はうんざりするだろう（一般に、人間は7つ以上のことを同時に把握することはできない)。

そして、大項目の1つを話し終えたら、その都度、内容を簡単に要約する。一般に、口頭で理解させるには、繰り返しというプロセスが不可欠だ。

ところで、残念なことに、私は、講演が終わって「感銘を受けた」といわれたことがない。これは、ノウハウの問題ではなく、人間性と学識の深さの問題のようだ。もっとも、いかに学識を深めても、経済学の話で感銘を与えることは、難しい。■

に、全体をざっと見る。つまり、**ページ単位をひとまとまりとして見る。**

なぜ、このような読み方が必要か。それは、対象が読むに値するものかどうかが、わからないからである。三ラウンド法は、精読する必要があることがあらかじめわかっている場合に、用いるものだ。実際には、その前の段階での判断が必要である。

世の中には、読む必要のない本や記事が沢山ある。これらをすべて精読することなど、とてもできない。例えば、この本を書くために、受験指南書や記憶術の本、そして文章読本や英語の実用書を、三百冊程度参照した。しかし、残念なことに、このジャンルには、読むに値しない本が多い。誰でも気がつく当然の心構えや、精神訓話的なことしか書いていない本も多い。だから、おおよその内容を把握するために、速読する必要がある。新聞や雑誌でどこを読めばよいか探すとき、多くの人は、無意識的にこうしているに違いない。

また、読む価値がある本の場合も、すべてを読む必要は、必ずしもない。「パレートの八・二法則」*として知られているように、必要な情報の八割は、全体の二割の箇所に含まれている。その箇所を見いだすためには、このレベルの速読が必要だ。

ここで述べた速読技術は、受験の場合にも重要なテクニックである。問題用紙をざっと一《いち》瞥《べつ》して、どの問題がやさしそうかを探し出し、どれから手をつけるかを判断する必要があるからだ。

＊「パレートの八・二法則」については、野口悠紀雄、『「超」整理法』、中公新書、1993年（p46）を参照。

◆斜め横断読み：パラグラフ単位

つぎのレベルは、おおよその意味をとりながらの速読である。単行本一冊の内容を、一時間以内で把握できるようにする。机に向かって読むとして、休憩のために立ち上がるまでの時間が、目安である。

本の内容について、他人と議論できる程度に、あるいは、**論評を書ける程度に読む**（実際に論評を書くには、取り上げる論点の部分をもう一度読み返す必要があるだろう）。細かいところはわからなくてもよい。しかし、主要な論点は正確に理解しなければならない。

このような速読の練習は、面白そうな小説やノンフィクションを多く読むことによって行なうのがよい。これは、「超」勉強法の第一原則である。興味があれば、先を読みたいから、意識しなくとも自然に速く読む。具体的なテキストとしては、例えば、吉川英治著『三国志』（全八巻、講談社）がよいと思う。「面白い、長い、すらすらと抵抗なく読める」という、速読のための条件をすべて備えている。なお、物語の場合は人名が重要なので、繰り返しあらわれる人名に赤マークをつけながら読もう。

このレベルの速読では、**パラグラフ（段落）ごとにまとめて「見る」**。ここで「見る」というのは、いちいちの言葉を辿って「読む」のでなく、ある範囲を一覧しているという意味である。必ずしも最初から読んでいる訳ではない。場合によっては、パラグラフのうしろから見てもよい。目線は、ジグザグに動く。

なぜパラグラフ単位か。それは、1で述べたように、百五十字程度の「細胞」は、内容が一様（であるはず）だからだ。**キーワードをつかめばそれがパラグラフの内容を代表しているはずだ。**

「飛ばし読み」といわれることがあるが、ある部分を「飛ばして」（＝抜かして）読んでいる訳では必ずしもない。「一字一句読んでいない」ということであって、むしろ一定の範囲を全体として眺め、模様を見るようにスキャン（走査）しているのである。「斜め横断読み」というほうが近い。ただし、重要と思われるところは、スピードを落として精読することにしよう。

また、必要に応じて、前の箇所に戻ってもよい。

ポイント　興味のある本を乱読すれば、速読できるようになる。

◆「ダメ文章」とどうつきあうか

以上で述べた「読む技術」は、対象が1で述べたルールに従っていることを前提としている。「最初に問題提起が、最後に結論が書いてあるはずだ」「一つの細胞内に相反する内容は含まれていないはずだ」「本論の構造は、正しく配列されているはずだ」などを前提として読んでいるのである。

もちろん、世の中の文章が、すべてこのルールに従っているわけではない。例えば、気軽に読めるエッセイでは、表3・2に示すような構造はとらない。これでは堅苦しすぎる。むしろ、読者の目を惹くために、冒頭に「おやっ」と思わせる内容を書くことが多い。

問題は、そのアイキャッチャーが、全体のテーマをあらわしているとは限らないことだ。続く本文が、全く別の内容になってしまうこともある。「起承転結」どころか、「起転転転」だ。このように構造がでたらめな文章は、非常に読みにくい（学生の試験答案には、こういう文章が多い）。

また、本来は、細胞の中は一様な内容でなければならない。「しかし」「それにもかかわらず」「他方において」などの言葉が途中にあらわれて、細胞が大きく二つ以上に分かれてはならないのである。これは、パラグラフを改めて述べるべきものだ。

しかし、実際には、このルールは守られていない。日本人は、「パラグラフ＝細胞」という概念を重視していないので、対立する複数の内容を細胞の中に盛り込んでしまっている場合が多い。こうした文章は、速読の時にとくに困る。キー・センテンスを見つけにくいからである。

このように、世の中には「ダメ文章」も多い。では、こうした文章とどうつきあえばよいか？

まず、入試の場合には、あまり気にしなくてよい。読解問題で出題される文章は、適切な構造をなしているものが多いからである。少なくとも、支離滅裂な文章は出てこない。第二章で、「入試に出る英単語は、知的な方向にバイアスがかかっている」と述べた。それと同じことが、ここでもいえる。**国語の試験に出題される文章は、「正しい方向へのバイアスがかかっている」**のである。

入試以外の場合はどうか。**「ダメ文章は、内容もダメ」**と割り切ってしまうことが一つの考えだ。支離滅裂な文章構造で刮目《かつもく》すべき内容が述べられているということは、めったにない。この判断をするためにも、「調べ読み」レベルの速読が必要である。

13 わかりやすく書く技術

◆わかりやすく書く

国語の勉強のもう一つの側面は、「書くこと」、つまり文章によって自分の考えを表現することである。受験の場合、国語だけでなく、社会などでも論述式があるから、この能力は重要だ。ビジネスマンも、文書によって事務連絡を行なうことが多い。

書く心構えとして、私は、つぎの三点を強調したい。

第一は、**わかりやすく書く**ことである。少なくとも、そう努めるべきだ。文章を書く目的は、自分の考えを読み手に伝えることだから、これは自明のことである。しかし、日本では、学者の書くものは難しくて当然という通念があった。それどころか、わかりやすい文章ではありがたみがないという考えさえあった。実際、一昔前まで、人文社会科学系の学者が書く文章は、非常に読みにくかった。われわれは、このような誤った権威主義から脱却しなければならない。

第二に、**書くのは「技術」である**と意識することだ。小学校の時、民主化教育の影響で、「感じたまま、見たままを書きなさい」と教えられた(多分、文部省の指導要領にそう書いてあったのだろう)。しかし、子供心にも、これは奇妙な指示であった。「感じたまま」を書こうとすると、さまざまな雑念がわいてきて、自分でも何を書いているのかわからなくなる。「見たまま」といわれても、いろいろなものが見えて、焦点があわない。混沌の中から書くに値するものを抽出することこそ、「書く技術」なのである。

第三に、かといって、**「名文」を書く必要はない**。とくに、「人を感動させる文章」を書く必要はない。というより、文章で相手を感心させたり、うならせたりしようとは考えないほうがよい。それより先に、読みやすい文章を書くことを心がけるべきだ。これは、「八割原則」である。素晴らしい文章で読み手を感嘆させる前に、まず内容を正確に伝えることに専念しよう。そして、つぎには、内容で読み手を感嘆させることにしよう。名文は、そのあとである。

ポイント　名文を書こうと思うな。わかりやすく書け。

◆文より先に論理

文章を書く場合に最も重要なことは、**論理の流れをはっきりさせる**ことである。1で述べたレベル二、三の文章（内部構造をもつ文章）において、とりわけ、これが重要だ。表3・2に示したような「構造」を、つねに意識しよう。

文章がわかりにくい原因の多くは、論理展開の順序がおかしいことにある。*

つぎの諸点には、とくに気をつける必要がある。

(1)A→Bと進んで、またAに戻ってくることがよくある。「いきつ戻りつ」をしてはならない。

(2)類似の内容が、数ヵ所に散在していることが多い。これらは、まとめる。

(3)「あれもこれも書きたい」と思うと、論理がはっきりしなくなる。何を書いたかでなく、何を書かなかったかが重要なのである。

論理の流れをはっきりさせるため、できるだけ、**メモ**に書き出す。書くことによって理解することもある。メモで考えを整理してみると、最初に考えていたことと内容が変わってしまうことも、よくある。

日本には、「文章読本」の類が沢山ある。しかし、そこで述べられていることの多くは、個々の「文」をどう書くかというアドバイスだ。しかし、その前に、文をどのように配置して文章を構成するかという**論理**が重要なのである。

なお、「読むこと」と「書くこと」は、関連している。とくに、読むことは書くための必要条件である。読んでいない限り、文章は書けない。学生のレポートで、話し言葉風の表現が時々みられる。これはきちんとした文章を読んでいないか、軽いエッセイを読む程度だからだろう（エッセイでは、意図的に話し言葉や軽い語り口を用いることがある）。

ポイント　文を推敲《すいこう》する前に論理を固めよ。

…＊　印象深く書くためにも、順序が重要である。しかし、これは、プロにとって必要な技法だ。…

◆わかりやすい文章を書く三つのルール

構成ができあがったら、つぎに、個々の文をわかりやすく正確に書く。

私は、間違った文章や不適切な文章を読む機会が多い。まず、学生の答案やレポートがそうである。大学院生の論文でさえ、文章に誤りが多い。最近では、インタビューや座談会の記録を校正する機会が増えた。ライターと称する人たちが書く文章は、時として非常に質が低い。インタビューをまとめてもらうより、最初からこちらで書いてしまうほうが早いと感じることが、よくある。

こうした文章を読んでいると、共通する症状があることがわかった。代表的なものは、つぎの三つである。これらを直すだけでも、文章は格段と読みやすくなる。

ルール1：一つの文で、複数の内容を述べない

一文一意主義をとる。そして、文の間の論理的な関係を、「だから」「しかし」「他方で」などの接続詞で明らかにする。* このルールに反する典型的な悪文例は、日本国憲法の前文だ。

このルールから、つぎの重要なアドバイスが、系として導かれる。それは、**「が」を使わないことだ**。つぎの例を見よう。

a 「彼は頭がよいが、受験に失敗した」

b 「彼は頭がよいが、走るのも早い」

aの「が」は、「しかし」という意味である。この場合は、はっきりと、「彼は頭がよい。しかし、受験に失敗した」と書くほうがよい。

bの「が」は何か。これは、「曖昧《あいまい》接続」である。前後の関係がはっきりしない。あえていえば、「彼は頭がよい。(ところで、一般に頭がよい人は走るのは遅いものだ。しかし、)彼は走るのも早い」の( )内が省略されたものと考えることができる。しかし、普通はそこまで考えていないだろう。書いている本人も明確に意識していない曖昧な内容であることが多い。

このような「が」は非常に多い。例をあげよう。

・「ご無沙汰していますが、お元気ですか」

・「文章の書き方だが、重要なのは短く書くことだ」
・「私は毎日ジョギングしているが、これは健康維持のためだ」
　曖昧接続の「が」は、使いやすい。だから、うっかりしていると、どんどん増える。そして、文章の意味が曖昧になる。文章に「が」が多いのは、**書き手の態度が曖昧であることの**証拠と判断しよう。
「が」を絶対に使わない、というくらいの気構えが必要だ。そうすれば、**内容を正確に考えざるをえなくなる。**

ルール2：「ねじれ」をなくす

　主語と述語が対応せず、「ねじれて」しまうことがよくある。書いているうちに、注意の対象がずれてしまうために、こうなる。日本語では主語が明示されないことが多いため、この誤りは非常に多い。私自身、かなり頻繁《ひんぱん》に間違える。誤りの例をあげよう。

（パタン1）**主語が入れ替わる**
・「学校教育では、考え方を教えるのでなく、知識を学習している」
・「彼を候補者として検討しているが、一番手だ」
「が」で繋《つな》がれた文は本来は別の文だから、主語が入れ替わっても、間違いとはいえない。しかし、避けるべきだ（パタン2を参照）。
（パタン2）一つの文の中で主語・述語が対応していても、**続く文で主語が変わる。**これは、誤りではない。しかし、読み手の心理にねじれを発生させる。

例えば、いまの文章を、つぎのようにすると、読みにくくなる。

・「これは、誤りではない。しかし、読み手の心理にねじれが発生する」

（パタン3）**重複表現**

・「わかりにくい原因は、文が長すぎるからだ」

・「この列車の停車駅は、名古屋、京都に停まります」（JRで実際に聞いたアナウンス）

ルール3：修飾関係をはっきりさせる

誤解を避けるため、また、読みやすくするために、大変重要なことだ。

（パタン1）**複数の修飾語（句）の連続**

木下是雄氏は、次の表現は、八つの異なる意味に取れることを指摘している。*2

・「黒い目のきれいな女の子」

この問題は、読点（、）をいれることや、修飾語と被修飾語をできるだけ近づけることによって対処する必要がある。

（パタン2）**主語と述語が離れる**

コラムで引用した『日本国憲法』前文が、この典型例である。「われらは」と「信ずる」が離れすぎている。日本語は、動詞が文の最後に来るので、注意しないとこのような文になる。

以上で述べたことは、「文章読本」の類によく出ている注意である。これらは、文章を書くとき、つねに心がけるべき重要な注意だ。ただし、あまりこだわると、本末転倒になる。とくに、ルール2の「ねじれをなくす」はそうだ。注意しすぎると、そればかり気になって、内容がおろそかになる。「過ぎたるは及ばざるが如し」。八割原則で進行するほうがよいかもしれない。

＊　この方針は、「接続詞を安易に使うな」とする伝統的な「文章術」の考えには反する。例えば、谷崎潤一郎は、つぎのように述べている。
（最近の文章は）「叙述を理詰めに運ぼうとする結果、センテンスとセンテンスの間が意味の上で繋がっていないと承知ができない」ため、「しかし」「そうして」「そのために」などの「無駄な穴塡めの言葉が多くなり、それだけ重厚味が減殺される」（谷崎潤一郎、『文章読本』、中公文庫、1975年、p168～169）。

　確かにそうかもしれない。しかし、これは大文豪の言葉だ。われわれが書く場合には関係ないと考えるほうがよい。
＊2　木下是雄、『レポートの組み立て方』、p210。原典は、ロゲルギスト、『第四物理の散歩道』、岩波書店、1969年。

一読・難解、二読・誤解、三読・不可解

コーヒーブレイク

悪文の代表として、しばしば『日本国憲法』の前文が引き合いにだされる。例えば、つぎの文章を見よう。

「われらは、いづれの国家も、自国のことのみに専念して他国を無視してはならないのであって、政治道徳の法則は、普遍的なものであり、この法則に従ふことは、自国の主権を維持し、他国と対等関係に立とうとする各国の責務であると信ずる」

いきなり主語が二つ出てくるので、混乱する。「無視してはならないのであって」などと唐突にいわれると、なぜ？　と問い返したくなる。英語の原文を見ると、「信ずる」は、①ここと、②「普遍的なものであり」と、③「責務であると」の3箇所に掛かっていることが、thatの使い方でわかる。しかし、日本語では、なかなかそうは読めない。「政治道徳の法則」とは何を指すのであろう？　「無視してはならない」ことか？　英語では、laws of political moralityと、複数・定冠詞なしになっているので、そうではないことがわかる。残念ながら、やはり英語は日本語より正確なのか？

もっとも、何となく雰囲気はわかる（要するに、国際協調が大切ということだろう）。また、わからなくとも、日常生活に支障はない。

しかし、税法となると、そうはゆかない。間違って解釈したら大変だ。例えば、つぎの文章を見よ。

「法人（公益法人等及び人格のない社団等を除く。以下この条において同じ）の株主等である内国法人が当該法人から次に掲げる金銭その他の資産の交付を受けた場合において、その金銭の額及び金銭以外の資産の価値の合計額がその交付の起因となった当該法人の株式（出資等も含む）の帳簿価額をこえるときは、この法律の規定の適用については、そのこえる部分の金額のうち、当該法人の資本等の金額から成

る部分の金額以外の金額は、利益の配当又は剰余金の分配の額とみなす」(『法人税法』第23条第2項)

こういう文章がすっと頭に入る人は、頭がよいというより、少しおかしいのではないかと思う。『法人税法』が「一読・難解、二読・誤解、三読・不可解」といわれる理由がわかるだろう。なぜ、「法人の資本金＝C、交付を受けた金額＝Mとすると、……」と式で書いてくれないのか。■

4 受験の国語

◆何を勉強すればよいか

この章の最初に述べたように、国語は、勉強がしにくい学科だ。とりわけ、受験勉強がしにくい学科である。国語の成績は、予備校に入ってから伸びるとは限らないといわれる。「どうせ日本語なのだから、これに時間を使うより暗記科目を勉強したほうが効率的だ」と思っている受験生が多いのではなかろうか。

しかし、この考えは間違いである。読解力や表現力は、国語だけでなく、他の科目の成績にも影響する。理科でも数学でも、教科書の説明を正しく理解するには、読解力が必要だ。試験の際に、数学や理科で問題の文章を正しく理解するのも、国語の能力だ。また、論述試験では、文章を書く能力が問題になる。試験でよい成績を取ろうとするなら、まず国語を勉強しなければならない。

しかも、読み書きの能力は、訓練によって向上するのである。この章で述べたような簡単なノウハウがあるのだ。それを受験用にまとめておこう。

(1)読解力：レベル2の文章を精読する

読解の問題文は、レベル2の文章（短文：千五百字程度）である。それ以外のレベルのものは出ない（ただし、具体的な長さには幅がある）。そこで、この長さのものを精読するために、2で述べた三ラウンド方式をマスターしよう。

(2)表現力：レベル1の文章を正確に書く

入試の論述題は、レベル1の文章（細胞：百五十字程度）で答える。だから、このレベルの文章で考えをまとめる訓練をする。この長さでおよそどのくらいの内容が書けるかというカンを養う。日誌で長い文章をまとまりなく書いていても、この訓練にはならない。

小論文の試験では、レベル2の文章（千五百字程度）を書く必要がある。したがって、この練習もしておこう。ここでは、構造が重要である。

なお、古文と漢文は、現代文とはかなり異質だ。外国語のようなものだと思うほうがよい。だから、暗記するしかない。漢字は必ず試験には出るけれども、その配点は、通常驚くほど低い。試験を行なう側としては、漢字の問題を試験に出さないと学生が漢字の勉強をしなくなるので、止むをえず出しているに過ぎない。国語の試験で点数を取るという目的からすると、難しい漢字の勉強に多大の労力を使うのは、ほとんど無駄だといってもよいくらいである。

ポイント　受験勉強で国語は大切。漢字を覚えるよりも、読解力と表現力を習得する。

◆興味ある対象で速読の練習

速読の練習も必要だ。速く読む技術を習得するには、**多くのものを読む**しかない。ここでも、「超」勉強法の第一原則が当てはまる。つまり、興味のある本や好きな本を、手当たり次第に読めばよい。ミステリーでもSFでも、ノンフィクションでもよい。

これは、「受験勉強」について一般にもたれているイメージとは異なるだろう。「受験勉強というのは、あまり面白くない対象を苦労してやるものだ」という固定観念がある。「だから、小説など読むのは、遊びで、良くないことだ」と多くの受験生は思い込んでいるに違いない。私自身、高校生の時にはそう考えていた。だから、小説を読むのに、若干うしろめたい気持ちがあった(もっとも、そういう意識があったので、時間を惜しみ、結果的に速読の方法を覚えたという効果はあった)。

しかし、実際には、受験勉強としても大変有効な方法なのだ。**面白くて効果があがる**、しかも国語以外の科目にも役にたつ。これほど効果的な受験勉強法はない。読書が好きで国語ができないという学生は、いない。そして、このような学生は、普通、他の学科もよくできる。

表3・3　高校生のための文学5選

- ジョン・ゴールズワージー（渡辺万里訳）、『林檎の樹』、新潮文庫
- トーマス・マン（実吉捷郎訳）、『トニオ・クレエゲル』、岩波文庫
- ジョルジュ・サンド（宮崎嶺雄訳）、『愛の妖精（プチット・ファデット）』、岩波文庫
- 島崎藤村、『桜の実の熟する時』、新潮文庫
- 武者小路実篤、『友情』、岩波文庫

◆高校時代の読書は一生の資産

速読の技術を養うために読書が必要だといった。しかし、実は、高校時代の読書には、それ以上の重要な意味がある。この時期に古典の名作を読むのは、**生涯の資産**を作ることになるのだ。

勉強で忙しくて、とても「人生の資産」どころではないといわれるかもしれない。しかし、**本を読めるのは、時間の制約が厳しいとき**である。私自身、高校生の時に一番読んだ。期末試験が終わった日に、学校の図書館から沢山の本を借り出したことを、懐かしく覚えている。不思議なことに、時間の余裕ができると、勉強に関係ない本も読まなくなってしまうものだ。

高校生の時に読書が必要な理由は、もう一つある。それは、多感な年齢であること

イワン・カラマーゾフは何歳?

コーヒーブレイク

文学作品の主人公は、多くの場合、意外に若い。読んだときに自分より年上だと、非常に年上であるような錯覚に陥る。そして、自分自身が歳をとっても、この差が変わらないで残ってしまうのである。

『カラマーゾフの兄弟』のイワンは、実は20代の初めである。嘘ではない。物語の最初に、「数えで24歳」と明記してある。満でいえば、22歳だ! 私はこのことを、かなりあとになってから知った。「大審問官」のような深遠な話をしているので、非常に歳をとっていると思い込んでいた。

『アンナ・カレーニナ』のアンナは、何歳なのだろう。人妻であることから、30代であるように思っていたけれども、もっと若いのかもしれない。

主人公が自分より年下だと思うと、どうしてもしらけた気持ちが働いてしまう。歳をとってから文学作品を読みにくくなる原因の一つは、ここにもあるように思う。■

だ。だから、この時期は、非常に貴重だ。ミステリーやノンフィクションを読むのに使うのは、もったいない。文学作品を読むのがよい。

トルストイやドストエフスキイは、大学生になっても、場合によっては社会人になってからでも、読める。しかし、ヘッセやロランは、高校生の感受性でないと読めない。

今の学生は、驚くほど古典を読んでいない。

これは、テレビ時代の悲劇といわざるをえない。この状態が少しでも改善されることを願って、高校生のための文学書五編のリストを、表3・3に示す。これらは、文字通り「青春の香り高き珠玉の名作」である。しかも、それほど長いものではない。だから、すぐに読める。是非読んで欲しい。これらを読んだら、『ジャン・クリストフ』(片山敏彦訳、みすず書房)のような長編に挑戦しよう。

引退してからもう一度高校生の時に読んだ本を読み返したいというのが、私の夢である。数十年前の感動は、もはや戻らないであろうけれども。

5 ビジネスマンの国語

◆情報洪水の時代

情報洪水時代に生きる現代のビジネスマンは、きわめて多くの文書に目を通す必要がある。新聞記事だけでも、毎日フォローしようとすれば、かなりの時間が取られる。書店に行くと、毎日のように新しい書物が出版されている。これらに追いついてゆかないと、時代の進歩に取り残されるような強迫観念に襲われる。

しかし、これらをすべてカバーすることなど、とてもできない。そんなことをしようとしたら、情報のインプット作業だけで、一日の大半の時間がつぶれてしまう。われわれを取りまく情報量は、**適正な水準を越えて過剰になってしまっている**のである。この事実を正しく認識することが、まず重要だ。

情報洪水の時代には、「情報を得る」ことは、さほど重要ではない。むしろ、膨大な情報を一覧して重要度を即座に評価し、**要らない情報を読まない**ことのほうが重要なのである。これは、組織のトップにいる人にとっては、とりわけ重要な課題だろう。自分で特別の努力をしなくとも、組織を通じてさまざまな情報が自動的に上がってくるからだ。こうした人たちにとって、2で述べた拾い読みと速読の技術の重要性は、今後ますます高まるだろう。

◆ファクスの書き方

ファクス、パソコン、電子メールなど、最近のオフィスにおける技術進歩は、文書連絡を増やす方向に働いている。これまでのビジネスでは、電話連絡が多かった。しかし、今後は文章による連絡が多くなるはずだ。*

ビジネス文書は、「文章」の体裁をしていなくともよい。**箇条書きで十分**である。むしろ、そのほうが読みやすい場合が多い。原稿依頼のファクス文で、字数、締め切りなどの重要事項が、どこに書いてあるのかわからないことがある。挨拶が丁寧な場合ほど、肝心のことが書いていない。差出人の電話番号やファクス番号が書かれてないものも困る。

電話だと、話し方でごまかせる。しかし、文書では難しい。ファクスで連絡をもらうと、それを読んだだけで、相手方の事務処理システムの全容を判断できる。新入職員を対象とする研修で、これまでは「電話の掛け方」が重要な科目だった。今後は、「ファクスの書き方」が重要になるだろう。

＊電話とファクスの使い分けについては、野口悠紀雄、『続「超」整理法・時間編』、中公新書、1994年を参照。

◆ワープロで書く技術

ワード・プロセッサ（ワープロ）を用いる文章の書き方は、紙にペンで書く場合のそれとは非常に違う。このことは、まだ十分に意識されていない。

最大の違いは、ワープロの強力な編集機能を利用できることだ。このため、最初から順に書いてゆく必要がない。重要なところから書き始めて、書きたしてゆけばよい。その際、細かい表現はあまり気にしないで、メモ程度の文章を書いてゆく。

このようなメモをつぎつぎに付け加え、メモを文章の形に直す。論理的なつながりを考えて、文章の順序を入れ換える。あるいは、ストーリーを組み直す。最初に書いたメモは、この過程で消されたり変形されたりして、なくなってしまうこともある。

ある程度できたところで、最初から読みながら、文や用語を推敲してゆく。分量がオーバーしたら、重要度が低いところを削ってゆく。このような作業の繰り返しによって、最終的な作品が自然にでき上がってくる。

これまでも、メモをもとに書いてゆくことは可能だった。しかし、パソコンの場合ほど自由自在な編集はできなかった。論述順序の大幅な入れ換えをするには、切り貼りに頼らざるをえない。これを何度も行なうのは難しい。細かい書き込みの修正でも、重なると原稿は読みにくくなる。だから、ある程度まで修正すると、清書という作業が必要になる。自分で清書すると、無駄な時間が取られる。アシスタントを使うとしても、清書の間は作業ができない。

パソコンの柔軟な編集機能は、これまでは不可能であった**修正の繰り返しによる文章作成**を可能にしたのである。これは、まさに「革命的」だ。

この方法には、もう一つの大きなメリットがある。それは、イナーシャ（慣性）が少なくなることだ。「とにかく書き始める」ということができる。これまでのスタイルでは、文章の内容や構成をかなり固めてからでないと、書き始めることができなかった。だから、どうしても「構えて」しまう。原稿用紙を前にして最初の一行を書くのが、大変な作業だったのである。書き出しの部分は、本当は最後に書くほうがよい。パソコンなら、そのような書き方ができる。

個々の文についてもそうである。これまでは、適切な表現を考えながら書く必要があった。

マルシャック先生からの手紙

コーヒーブレイク

ヤコブ・マルシャック先生は、私の経済学の先生である。計量経済学や数理経済学で大きな業績をあげた方だ。役所から派遣されてアメリカに留学した私が研究者の途を志すようになってしまったのは、先生の講義に魅せられたからである。

先生が学会で来日したときに、虎ノ門の料理店「ザクロ」に案内した。そこで、「ザクロを英語で何というのか」が話題になった。「木になる果物で、赤くて、甘い」と説明すると、「persimmon か?」との質問。「いや、persimmon は別の果物です。あとで辞書で調べてみましょう」ということになった。

帰国した先生に、手紙を書いた。「辞書で調べたところ、日本語でザクロというのは、英語では pomegranate、または Carthaginian apple ということがわかった。あの時話にでた persimmon というのは、日本語では柿であって、これはザクロとは別のものである」。

自分でもややこしい文章だと思っていた。すると、先生から返事がきて、いわく。お前のいうことはわかった。要するに、こういうことであろう。

zakuro＝pomegranate＝Carthaginian apple ≠persimmon ＝kaki

式というのは、複雑なことを表現する最も簡便な方法だったのだ!「一読難解」の法律を書いている人たちは、マルシャック先生のつめの垢《あか》でも煎《せん》じて飲んで欲しい。■

このため、「うまい表現が思い浮かばないために先に進めない」ということが、よくあった。しかし、パソコンの場合には、多少不完全な表現でも、自分だけにしか意味がわからない文でも、とにかく全体のストーリーを書いてしまう。細かい表現は、あとから直してゆけばよいのである。つまり、「八割原則」で文章を書き進められる。全体を書いてしまえば、あとで個々の文を直してゆくのは、容易である。本章の3で述べた「文章を書く三つのルール」は、この段階で初めて必要になる。

以上のように、文章を書いたり構想をねったりする作業は、パソコンの登場によって根本的に変わった。しかし、この技術を用いられない場所が、ただ一つだけある。それは、試験場である。パソコンを持ち込んで答案を書き、通信回線でそれを送るというような状況には、当分の間ならないだろう。したがって、頭の中で考えをまとめて、紙と鉛筆を用いて書くという作業は、少なくとも受験生にとっては、今後しばらくの間、必要である。

ポイント　ワープロの登場によって、文章の書き方は革命的に変わった。メモを積み重ね、修正を繰り返しつつ文章を書くことができる。

まとめ　国語の「超」勉強法

❶すべての文章は、つぎの四つのレベルのどれかに該当する。

⑴細胞（百五十字程度）
⑵短文（千五百字程度）
⑶長文（一万五千字程度）
⑷本　（十五万字程度）
読む場合も書く場合も、対象がどのレベルのものかを、まず意識せよ。

❷短文、長文レベルの論文は、内部構造をもっている。読む場合も書く場合も、まず構造を正しく把握せよ。

❸論文の精読は、三ラウンド方式で行なう。すなわち、全体を把握することにより、部分を理解する。

❹速読には、「調べ読み」と「斜め横断読み」がある。いずれの場合も、音読せずに、一定範囲をまとめて見る。

❺名文ではなく、わかりやすい文章を書くことを心がけよ。「文」の推敲より先に、論理の流れを明確にせよ。

❻受験のためには、⑴短文レベルの文章の精読、⑵細胞および短文レベルの文章

の書き方、を勉強する。

❼これからのビジネスでは、文書連絡の比重が増す。ファクス文の書き方、ワープロを用いる文章作成法を習得する必要がある。

❽ワープロ時代においては、紙の時代とは異なる「文章の書き方」が可能となる。最大の違いは、柔軟な編集機能を活用して、修正しながら書けることだ。

［第四章］

数学の「超」勉強法

数学は他の科目に比べて難しい学科なのだろうか？　多くの人がそう考えている。だから「数学は嫌いだ」という人が多い。確かに、学問としての数学は難しい。しかし、学校教育のレベルに関する限り、数学が他の科目より難しいとは思えない。

問題の大部分は、数学の学習法にある。とくに、**「基礎が重要。基礎から順に理解しつつ先に進め。わからなくなったら基礎に戻れ」という考えが問題だ。**このために、多くの人が途中で挫折する。そして、「数学は難しいもの」という思い込みにとらわれて、数学から遠ざかる。

本章では、これとは全く逆の考えにたつ数学の勉強法を提示しよう。

1 パラシュート勉強法

◆百科事典で数学を学ぶ

数学は基礎から始めて一歩一歩着実に理解しつつ学ばねばならないと、多くの人が考えている。しかし、必ずしもそうではない。

たとえば、経済学の論文を読んでいて「変分法を用いて最適解を求める」という箇所にであったとしよう。そこには、「オイラーの方程式」、「汎関数」などという難しい言葉が出てくる。変分法は、高校の教科書には出てこない。そこで、多くの人はこれを見て、「私は変分法を知らない。その勉強には大変な努力が必要だ。だから、私はこの論文は読めない」とあきらめてしまう。

確かに、変分法を勉強していなかった人にとって、それははるかにそびえ立つ高峰である。仰ぎ見て、「一歩一歩登って到達するのは大変だ」と思うのは当然だ。しかし、経済学の理解が目的なら、必要事項を調べるだけで読み進んでもよいのである。

この目的のためには、**百科事典**が便利だ。『平凡社百科事典』を引くと、変分法、オイラー方程式、汎関数などの簡単な説明がのっている。微分法を知っていれば、「おおよそどのようなことか」は、理解できる。だから、高校生でもわかるはずだ。あるいは、学生時代に数学をきちんと勉強しなかったビジネスマンでも、理解できるはずだ。

専門家のなかには、こうした方法をとることに反対の人がいるかもしれない。登山家が、「麓から一歩一歩登ってこそ、頂上をきわめる歓びがある。ケーブルカーで頂上にいっても意味がない。初心者は低い山を徘徊《はいかい》すべきだ」というように。

しかし、この意見はサディズムでありマゾヒズムだ。高山のすばらしい空気や眺望が目的なら、ケーブルカーでも一向に構わない。ケーブルカーがなければ、飛行機でその高さまで連れていってもらって、パラシュートで降下してもよいのである。

数学の勉強も同じことだ。**途中の過程を省略してしまってもよい。**経済学の論文を読むの

百科事典を駆使しよう

コーヒーブレイク

百科事典は、知識の体系を知らなくとも目的の知識が（ある程度は）得られるという意味で、大変に便利なものである（とくに中項目主義の場合）。順を追って説明していないので、目的の概念に直接にたどりつけるからだ。必要なのは、初歩的な概念のやさしい説明でなく、高度な概念の厳密でない説明なのである。

もっとも、百科事典には、数学以外のことも書いてあるので、数学だけをみるのには不便だ。大きすぎるし、値段もはる。場所もとるから、誰でも家に備えるという訳にはゆかないだろう。数学に関連する部分だけを抜き刷りにしたものが手に入ると、大変便利だと思う。

なお、百科事典は、万全ではない。逆引きが難しいことが難点だ。数学を使った論文だと、記号が説明せずに使ってあることが多い。例えば、$E(x|A)$などという記号がどんな意味かを引ける辞書が欲しい（最近できたCD-ROMの百科事典を使うと、かなりの程度逆引きができる）。■

が目的なら、こうした方法をとっても、一向に構わない。オイラー方程式の導出法を理解していなくとも、それを使うことはできるのである。数学を道具として用いる大部分の人にとって、厳密な理論や証明は不要である。「基礎をきちんと勉強していないから使えない」と、罪悪感やうしろめたさを感じる必要はまったくない。

われわれは、日常生活でこうした方法を多

用している。自動車を運転するのに、内燃機関の原理について正確な知識をもつ必要はない。それより、アクセルの踏み加減を体得するほうが重要だ。テレビを見るのに、半導体の知識は必要ない。スイッチの操作を知っていれば十分だ。これと同じことを、数学でもやればよいのである。以下では、このような方法を、「パラシュート勉強法」と呼ぶことにしよう。

ポイント　難しい数学にぶつかったら、百科事典で調べて切り抜けよ。

◆数学が苦手な生徒の場合

パラシュート勉強法は、学校の勉強にも使える。まず、数学の成績が非常に悪い生徒を家庭教師で教える場合を考えよう。

普通は、「いまのところがわからないのは、その前がわからないからだ。だから、そこまで戻って基礎からやり直そう」と考えるだろう。これは、「低山徘徊トレーニング」というよりは、「麓まで逆行トレーニング」である。

しかし、私が家庭教師なら、そうはしない。**それまでのところは当面無視して、現在の項目について、教科書に出ている例題だけを丁寧に教え、繰り返し解いて、覚えさせる**。つまり、現在の地点にパラシュート降下させる。教科書の例題は数が少ないので、それほど時間はかからない。基礎知識がなくても、解き方のコツをうまく教えてやれば、十分解けるようになる。序章で紹介した名人家庭教師の方法が、まさにこれである。

例えば、小学生に、分数の足し算$\frac{1}{12}+\frac{1}{2}$を教える必要があるとしよう。これを、つぎのように教える。

1　「12×2を共通の分母として、$\frac{2}{24}+\frac{12}{24}=\frac{14}{24}$とすればよい」というルールを、頭から覚えさせる。

2　「共通の分母になったとき、なぜ分子だけを足すのか」などという理由は、説明しない。「とにかくこういう規則だ」と教える。

3　答えは、約分して$\frac{7}{12}$になる。しかし、十分習熟するまでは、$\frac{14}{24}$のままでもよいとする(これでもある程度の点は取れる)。

4　本当は、最小公倍数12で通分するほうがよい。しかし、それでは「最小公倍数」を教えなければならない。そこで、多少非効率ではあるけれども、「分母を掛け合わせればよい」と教える。

このような練習を何度も繰り返しやっていれば、そのうちに、なぜこの方法で正しいかがわかってくるだろう。また、約分などもできるようになる。

過去を無視するのは、とにかく直近のテストで良い点をとらせたいからだ。授業が苦痛でなくなるだけでもよい。それに、マイナスを埋める作業より、プラスを増やす作業のほうが楽しい。これは、「超」勉強法の第一原則にかなっている。

右の3や4で「一応」の手続きを教えるのは、「とにかく答えが出ればよい」からである。

これは、「超」勉強法の第三原則（八割原則）だ。最初から完璧な方法を教えようとすると、つまずいてしまう。

また、分数の概念を林檎《りんご》を分割する図などで教えるのでなく、「このような表記のものを分数というのだ」と頭から受け入れさせる。* 概念を図で理解しても、その後の計算過程にはあまり役立たない。むしろ、いちいち図に戻ろうとすると、計算過程は、かえって理解しにくくなる。計算をやっているうちに、分数の概念も何となくわかってくるはずだ。

パラシュート勉強法の説明で、目的地点まで連れてきてもらう「飛行機」として、百科事典がよいと述べた。本当は、ここで述べたような家庭教師が一番よい。「逆引き」ができるからである。

ポイント　当面の問題に集中して、解き方を習熟せよ。

＊ 実をいうと、これこそが分数の厳密な定義である。つまり、「分数とは横線によって画された二つの整数の集合である」。そして、この記号に施すことができる演算を規約によって定義するのである。林檎を分割して分数を教えるのは、実は便宜にすぎない。ポアンカレ（吉田洋一訳）、『科学と方法』、岩波文庫、1953年、第二篇第二章を参照。

◆できる学生の場合

もっとできる生徒の場合はどうするか。この場合には、なるべく早く、**全体の範囲をざっと勉強してしまう**。例えば高校一年生なら、高校の全課程をできるだけ早く勉強する。理解できないことが多少残っても、構わないでどんどん進む。学校の勉強の場合には、百科事典を使う必要はない。教科書という格好の手引きがあるからだ。

この方法は、一般常識には反するだろう。数学の学習書を読むと、ほとんどの本に「基礎が重要。まず、基礎を固めよ」と述べてある。「ステップ・バイ・ステップに段階を踏み、各段階を完全に理解してからつぎに進む」というのが、そこで述べられている勉強法である。

しかし、体系を理解する場合には、**まず全体像をつかむ**ほうが効率的なのだ。これは、「超」勉強法の第二原則であり、第三章で文章の読解について述べたのと同じことである。しかも、数学の場合には、「基礎をしっかり」という方法には、あとで述べるような大きな問題がある。

もっとできる生徒なら、高校生でも大学教養課程のレベルまで進んでしまう。そして、とくに興味をいだく対象について、**パラシュート勉強法**で理解する。例えば、変分法でもよいだろう。そして、学校で吹聴《ふいちょう》する。友達はわからないから、優越感を味わえる。進んだことを知っているのだから、いま学校でやっていることをわからないとはいえない。嫌でも勉強する。そのうち、友達が質問をもって聞きにくるだろう。ますます勉強せざるを得なくなる。

この方法は、一見するほど乱暴なものではない。ただし、周りの環境が重要である。学校で吹聴しても、評価されないような環境では使えない。逆に、友人とのミエで数学が重視されているような環境だと、自然に背伸びして勉強するようになる。

ポイント　**できるだけ早く全課程を勉強せよ。**

12 なぜ「パラシュート勉強法」がよいか

◆基礎は退屈

「基礎をしっかり」という方法の最大の問題は、**つまらない**ことだ。興味がわかない。これは、登山の場合に低山の徘徊が退屈なのと同じである。疲れるだけで、高山植物もみられないし、すがすがしい空気も楽しめない。

第二の問題は、いま勉強している部分が全体の中でどの位置にあるのかが、よくわからないことだ。これは、全体の鳥瞰図《ちょうかんず》がないからである。軍隊の行進の際、行き先が知らされていないと、兵は非常に疲れるそうである。逆に、目的地が明確に知らされており、現在地からどれだけ歩けばよいかがわかっていると、かなりの強行軍でも兵は疲れない。このように、目標地がわかっていると、人間は疲れないのである。学習の場合も同じだ。教科書を最後までやってしまうと、学ぶべき全対象を把握できる。行軍の目的地を知り、そこまでの地図を手にしたのと同じことになる。

また、全体を知っていると、いまのところが何のために必要かがわかり、興味がわく。とくに重要なのは、「なぜその概念を考えるか」ということだ。これがわかれば、問題意識が持てる。山の頂上に登れば、平野の状況はよくわかる。一般に、**上から見れば、下はよく見えるのである。**基礎から頂上を理解するより、頂上から基礎を理解するほうがわかりやすい。だから、数学の場合にも、できるだけ早く、できるだけ高い場所に登ってしまうほうがよい。目的もわからず基礎概念だけを勉強していても、退屈なだけである。数学が面白くなくなる大きな原因は、ここにある。

ポイント 基礎がわからないから理解できないのではない。興味がわかないから、理解しようとする意欲が生じないのだ。

◆基礎は難しい

「基礎から一歩一歩」という考えには、もう一つの問題点がある。それは、基礎を本当に理解するのは、かなり難しいということだ。

例えば、「数」の定義は難しい。ゼロ、1などを厳密に定義しようとすると、非常に難しい。「直線」、「平行」などの概念もそうである。* われわれは、これらの「基礎概念」を曖昧なままで漠然と捉えているに過ぎない。そして、それらの操作方法を習っているのである。道具は、実際に使ってみてはじめて機能がわかることが多い。数学でもそうだ。**概念や定理の意味は、**

使うことによってわかることが多い。

また、「基礎」といっても、どこまで戻ればよいかというのは、**程度問題**である。専門の学者でも、数学を本当の基礎まで戻って完全に理解しているわけでは必ずしもない。とくに、工学、経済学などでは、そうだ。例えば、微分法を本当に理解するには、「極限」や「連続」の概念を理解する必要がある。しかし、これらは非常に難しい。$\frac{dy}{dx}$は分数だと考え、微分法の公式を覚えて使っても、あまり支障は生じないのである。数学の専門家は、これを無謀というだろう（そして、「いたるところ連続でいたるところ微分不可能な関数が存在する」ことなどを注意して、われわれを驚かすだろう）。しかし、経済学や工学で普通に用いる関数の場合、問題はあまり生じない。

もちろん、二次関数の扱いも知らずに、いきなり微分法を理解しようとしても、無理だ。だから、私は、「基礎をはぶけ」といっているのではない。「拘泥《こうでい》せずに進むほうがよい」といっているのである。少なくとも、「基礎をやっていないから駄目だ」という罪悪感や、「基礎を完全にマスターしてからでないと進んではならぬ」という固定観念は、捨てるほうがよい。

ポイント　厳密な基礎は、難しい。

＊　ポアンカレ、前掲書（第二篇第二章）。

面白い基礎理論もある
——有理数と無理数

コーヒーブレイク

解析学の基礎概念は難しい。しかし、中には非常に面白いものもある。

「有理数」というのは、整数の分数の形で表現できる数のことである（有限小数または循環小数で表すことができる）。いま任意の二つの有理数 a, b をとると、p, q を整数として、$\frac{pa+qb}{p+q}$ も有理数となる。したがって、任意の有理数の間には、別の有理数が存在することになる。これを c とすれば、a と c の間にも、別の有理数があることになる。この手続きを繰り返してゆけば、任意の二つの有理数の間には、無限に多くの有理数が存在することがわかる。つまり、有理数は「ぎっしりと」つまっている。これを数学用語では「有理数の稠密性《ちゅうみつせい》」といっている。

それにもかかわらず、どの有理数にも触れることなく数直線を二つの組に「切りわけてしまう」ことができる（これも簡単に証明できる）。つまり、有理数の間は、スカスカに空いているのである。

しかし、無理数をも含めて実数全体の集合を考えると、もはや、このような切り離しはできなくなる。二つの組に分けようとすると、どちらかの組の端には、かならず実数が存在しているのである。これは、「デデキントの切断定理」によって証明される。これが実数の「連続」ということの意味である。

このことは、高木貞治著『解析概論』（岩波書店、1938年）の初めのほうにでてくる。数直線を切った一方の面に実数が「へばりついている」さまが、カタカナの簡潔な文章でみごとに表現されている。■

◆基礎からやらず真ん中からやれ

「パラシュート勉強法は便利ではあるけれども、数学の勉強法としては邪道かもしれぬ」と、長年思っていた。私自身が、この方法にうしろめたさと罪悪感を感じていたのである。

しかし、本書を書くためにいくつかの数学勉強法の本*を読み、数学や数学教育の専門家の中にも、同様の考えをもっている方がいることを知った。

立教大学の赤教授は、「段階を踏んで一歩一歩理解させてゆくことは、必ずしも必要ない」と述べている。例えば、$\frac{3}{4}\div\frac{7}{9}$を計算するのに、普通は、除数の逆数を掛ける。つまり、$\frac{3}{4}\times\frac{9}{7}$として計算する。では、なぜこうしてよいのか？　その理由を答えられる人は、あまりいない。赤教授は、「理工系の学者できわめて高度な数学を日夜駆使している人でも、即答できる人は少ない」という。

つまり、理由はよくわからなくとも、それは一時棚上げして、とにかく使い方を丸暗記し、そして先に進めばよいのである。「どうしてもわからなかったら、無理しなくともよい。**やがてわかる**」と赤教授はいう。これは、前に述べた通分の場合と同じ方法論である。つまり、「八割原則」である。

「一度つまずいたらその先がわからなくなる」というのは、数学という教科の問題でなく、人間の心理の問題である。つまり**単なる劣等感**である、と赤教授は断定する。私も、この見方に賛成だ。

1、2、3、…無限大

コーヒーブレイク

偶数は整数の一部分である。だから、整数のほうが「沢山ある」と、常識的には考えられるであろう。しかし、そうではないのである。いま、偶数と整数をつぎのように並べてみよう。

偶数　2、4、6、……

整数　1、2、3、……

こうすると、偶数と整数は、一対一に対応する。だから、偶数と整数は「同じくらい沢山ある」ということになる。

それどころではない。実は、有理数の「沢山さ」も、整数と「同じくらい」なのである。有理数は a, b を整数として$\frac{a}{b}$の形に書ける数である。これらに番号をふることは、簡単にできる（分母と分子の和が2である分数、3である分数、4である分数…と順次並べてゆけばよい）。したがって、有理数と整数は一対一に対応する。

ところが、無理数までいれてしまうと、番号をふることはできなくなる。それは、つぎのように証明できる。いま、誰かが、「すべての実数に番号をつけた表」をもっていると主張したとしよう。その表を見た私は、つぎのような数を作る。それは、1桁《けた》目が表掲載の数の1桁目と異なり、2桁目が表掲載の数の2桁目と異なり、……という数である。この数は、表に掲載されていない。なぜなら、もし「155番目の数だ」といわれれば、私は直ちに、「155桁目が違う」と指摘できるからである。

以上のことは、ガモフの名著『1、2、3、…無限大』に出ている[*]。中学生に数学の面白さを教えるには、絶好の材料ではなかろうか。

＊　G.ガモフ（崎川範行、伏見康治、鎮目恭夫訳）、『宇宙＝1、2、3、…無限大』、白揚社、1992年（p24〜28）。 ■

西高校の中森教頭は、「基礎からやらずに真ん中からやれ」とし、つぎのように忠告している。「どだい数学の苦手なものが、まず十分に基礎を理解してからなどと考えたら、それは〈百年河清《かせい》を俟《ま》つ〉の類である。それに基礎ほど難しいものはない。（中略）**基礎からやりはじめて数ページでいやになり、投げ出してしまう**というのが数学を不得意とする者の共通のパターンである。すべからく、いま習っていることを理解するよう精いっぱい努力すべし。（中略）いまやっていることがわかると前に習ってわからなかったことも、いつの間にか何となくわかるようになってくるものなのである」。

これは、**パラシュート勉強法**そのものだ。パラシュートで「いま習っているところ」に着地すればよいのだ。「いまのところがわかれば、前にわからなかったところがわかる」というのも、そのとおりである。高校生であっても、大学教養課程の数学までやってしまえばよいと述べたのは、この拡張である。大学の数学から眺めれば、高校の数学はよくわかる。

ポイント　進んだ段階からみると、それまでのところはよくわかる。

……

＊赤攝也、「算数で劣等感をもたない秘訣」、中森豊太、「数学の奥の手」、読売新聞文化部編、『新・私のすすめる勉強法』、学陽書房、１９８４年。

……

3 受験の数学

◆受験数学は暗記

「受験数学は暗記だ」。これは、大学教養課程の数学の授業で、S助教授が述べた言葉である。「創造力はおろか、分析力すら必要とされない。問題のパタンを覚えて、それに当てはめればよい」というのだ。当時のS助教授はいまや世界的な大数学者だから、これは信じてよいだろう(ただし、これは、受験数学についてのコメントである。それに続いて、「本当の数学は暗記でない」といったのか、「本当の数学も暗記だ」といったのか、肝心なところを忘れてしまった)。私の友人の今野浩東工大教授も、同じことをいっている。

実は、受験時代に、私はこのことを意識していなかった。数学とは、自分で考えて問題を解くものと信じていた。だから、尊敬すべき専門家から「暗記だ」と聞いたときには、何か裏切られたような気がした。

しかし、少なくとも**受験数学**についていえば、**数学が暗記**だというのは、真実かもしれない。* 実際、進学塾に通っている小学生は、驚くほど複雑な算数の問題を解ける。しかし、彼らは格別頭がよいわけではない。問題のパタンと解き方を覚えているに過ぎない。中学入試の算数の問題を独力で解くのは大変である。数学を専門的に使っている人でも、時間内には多分できないだろう。これをみても、数学が暗記科目であることがわかる。

考えてみると、学校の数学では、新しい理論の創造を求められている訳ではない。大昔から大数学者が作り上げてきた体系を、理解すればよいのだ。試験は、それを正しく理解したかどうかをテストしているだけである。しかも、範囲は限定されている。そして、制限時間内に解答を出す必要がある（これは、大変重要な条件である。最初に考えた大数学者でさえ、一、二時間のうちに解を出したわけではあるまい）。「問題のパタンと解法を覚えていればよい。そして、そうしないと解けない」というのは、その通りかもしれない。いまにして考えれば、受験生時代にこのことを意識していたほうがよかったように思う（実は、類似のことは、学者の研究についても、ある程度はいえるのである。最初から独創的な論文を書こうと思うより、いま多くの研究者が取り組んでいるテーマについて、先人の方法を改良するほうが、少なくとも出発点としては、効率的である）。

数学嫌いの人は、数学が創造力を必要とする高級な学科だと思っているのではないだろうか？　学問としての数学は別として、受験科目としての数学は、あまり**高級な学科ではない**のである。数学者の数学と受験数学は別のものと考えるべきだ。こう考えると、**ガリ勉でもできるのは数学**だということになろう（頭がよくないとできないのは、むしろ、国語なのである）。

ポイント　受験数学では、自分で考えて解くより解き方を覚えてしまうほうがよい。

＊　受験法の本では、数学について「暗記せよ」と主張するものがいくつかある。たとえば、和田秀樹、『数学は暗記だ』、ごま書房、1990年。

◆計算力をつける

受験数学で非常に重要なのは、**計算力**である。解き方がわかっていても、計算を間違えれば、点はとれない。計算力があれば、スマートな解き方をしなくとも、力ずくで解くこともできる。

計算力を養うには、**練習**以外にない。いつもやっていることが必要だ。毎日の日課にする必要がある。計算には、**カン**が必要だ。いくつもの項があるとき、どの変数に着目してどの項をまとめると式が簡単になるか、などについてのカンである。計算から離れていると、このカンがサビつく。英語を使っていないと単語や言い回しを忘れてしまうのと同じことだ。

なお、結果を出したら、パラメータや変数にゼロ、1、無限大などの特別な値を入れて検算する。これは、試験の場合の解答チェックに必要なだけでなく、理解のためにも必要だ。この「要するにどういうことか」がわかる。自分が出した式なら、正しさがチェックできる。このような特殊な場合をチェックするだけで、結果の誤りを発見できるときもある(これは、学生が導いた結果をチェックするのに、教師がやっている方法である。また、コンピュータのプログラムでも、非常に複雑になれば、こうした方法でチェックするしかない)。

ポイント　毎日練習して計算力をサビつかせないようにせよ。

◆公式は導き方を覚える

数学の公式は、覚えるといっても、公式そのものを頭から丸暗記するのではない。そのように覚えるのは、無理な場合もある。導出法を覚えておけばよい。

例えば、等比級数の和の公式、

$$S=1+r+r^2+r^3+\cdots\cdots+r^s=\frac{1-r^{s+1}}{1-r}$$

において、分子の第2項のべきが$s+1$だったかsだったか、はっきりしなくなるかもしれない。これは、右の式から、

$$rS=r+r^2+r^3+\cdots\cdots+r^{s+1}$$

を引くことにより、

$$(1-r)S=1-r^{s+1}$$

として導くと覚えておけば、確実だ。この計算で公式を導くには、数秒ですむはずである（なお、この際、$r=0$であれば$S=1$になるということも、確かめておく）。

三角関数では、公式が多い。これも導出法を覚えておく。例えば、余弦定理、

$$a^2=b^2+c^2-2bc\cos\alpha$$

は、図4・1のように補助線を引けば、

$$a^2=(c\sin\alpha)^2+(b-c\cos\alpha)^2$$

から、すぐに導出できる。

面積の公式、

$$S=\frac{bc\sin\alpha}{2}$$

も、図4・2のように補助線を引いて導出する。機械的に覚えようとしても、$\frac{1}{2}$があったかどうかを忘れてしまうこともある。

もう一つ例をあげよう。加法定理、

$$\sin(\alpha+\beta)=\sin\alpha\ \cos\beta+\cos\alpha\ \sin\beta$$

も、簡単に導くことができる。図4・3において、BDの長さを分解して表せばよいわけである。

右辺は、積の和の形になっている。そしてα,βで分かれているのだから、多分Eで分ければよい。下の部分EDは、$\sin\beta$と関係がありそうだ。実際、AEの長さに$\sin\beta$を掛けたものになっている。そしてAEの長さは、AF $\cos\alpha$だ。したがって、ED＝AF$\cos\alpha\ \sin\beta$がわかる。つぎに、第一項の$\sin\alpha\ \cos\beta$がどこに出てくるかを調べる。まず、FE＝AF$\sin\alpha$である。そして、角FEBがβに等しいことを利用すると、GEの長さがAF$\sin\alpha\ \cos\beta$に

図4・1　余弦定理の導出法

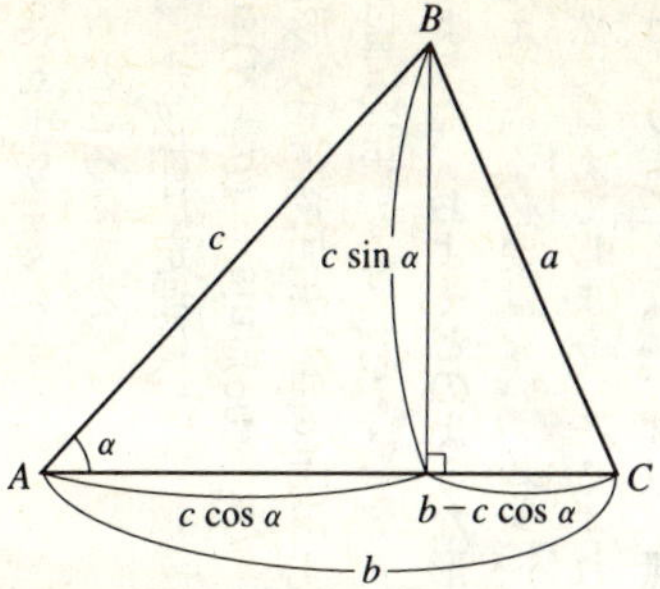

図4・2　面積公式の導出法

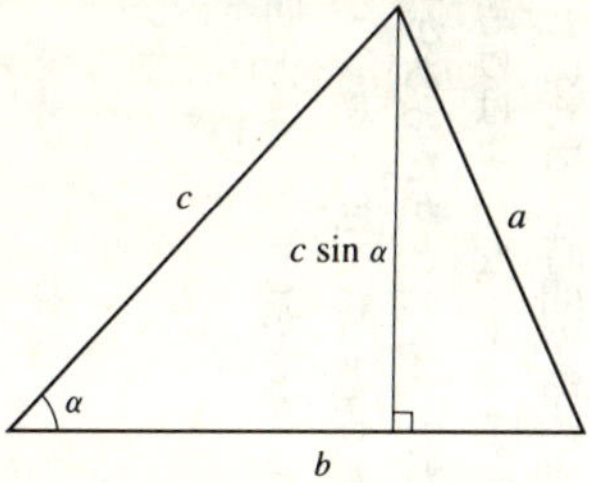

図4・3　加法定理の証明

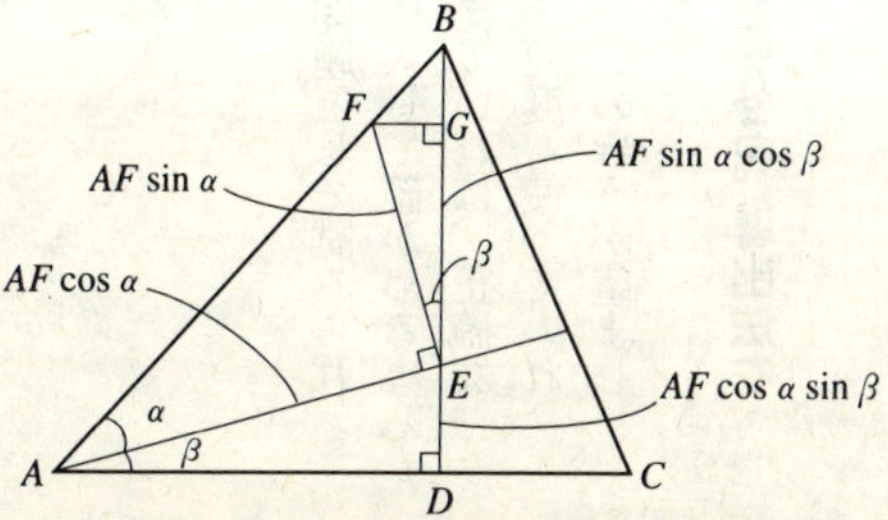

なる。あとは、平行線の定理を利用して拡大すればよい。

なお、加法定理がでれば、

$$\sin(\alpha-\beta)=\sin\alpha\ \cos\beta-\cos\alpha\ \sin\beta$$

$$\sin2\alpha=2\sin\alpha\ \cos\alpha$$

はたちどころにでる。

また、余弦加法定理は、

$$\cos(\alpha+\beta)=\sin[(90°-\alpha)-\beta]$$

と変形して正弦加法定理を応用すれば、簡単に導くことができる(練習問題として試みられたい。符号の正しさは、例えば、$\alpha=\beta=45°$, $\alpha=30°$, $\beta=60°$などを代入して確かめる)。

このように、**およそどのような形の公式があったか**ということだけ覚えていれば、正確な形を覚えている必要はない。必要に応じて導けばよいのである(もっとも、何度も使っていれば、自然に覚えてしまう。そうすれば、いちいち導く時間を節約できる。このほうが望ましいことはいうまでもない。要は、**無理に覚える必要はない**ということである)。

ポイント 公式を機械的に覚えようとしても、係数や符号があやふやになる。導出法を覚えよ。

4 ビジネスマンの数学

◆数学アレルギーになるな

数学の用語が出てくると、頭から敬遠したり拒絶反応を示す人が多い。「文科系だから」というのがその言いわけだ。

とくに問題なのは、私立大学の入試で数学を取らなかった人たちである。彼らは、数学アレルギーが格別強い。国立大学では、文系でも数学の試験を課している。私大と国立大の卒業生にはこの点で大きな違いがあることを、企業の採用責任者は十分に認識してほしい。

「文系、理系」という区別は、もともとあまり適切なものではない。例えば、経済学では、数学を多用する。生物学など通常は理科系とされている分野よりも、数学を使うことが多い。ビジネスでもそうだ。デリバティブ（派生金融商品）などの最近の金融のテクニックは、高度な数学を使っている。だから、経済学部の入試に数学を課さないのは、基本的な誤りである。

しかし、不幸にして学生時代に数学を勉強しなかったとしても、後悔することはない。本当の専門家になるのでなければ、**いつ挑戦しても遅すぎない**。「数学は基礎から一歩一歩積み上げなければならない」という思い込みを捨てればよい。そしてこの章の1で述べた「パラシュート勉強法」を用いて、数学の勉強をしよう。実際、学生時代に数学をきちんと勉強していなかったにもかかわらず、その後の勉強によって、理科系の卒業生が及びもつかないような数学の能力をつけている経済学者が多数いる。食わず嫌いにならずに、挑戦することが重要である。

◆統計的な考え方の重要性

統計学は、ビジネスの多くの分野で重要だ。実際の世界には、株価や為替レートの動きなど、**確率的な事象**として捉えるべきものが沢山ある。しかし、これについて、学校では十分な教育を行なっていない。とくに、高校の数学では不十分だ。

確率変数、期待値、分散などの概念を正確に理解し、大数の法則や正規分布の性質などについて、よく知っている必要がある。知識だけでなく、考え方、捉え方が重要である。

私の場合、大学教育は工学部で受けたので、数学は解析学が中心だった（統計力学や量子力学では確率の概念がでてくるけれども）。このため、経済学で用いる確率変数、確率過程などの概念がよく把握できずに苦労した。文科系の卒業生は、「理科系」でもこのようなハンディキャップを負っていることを知っているとよい。統計学に関するかぎり、文科系のほうが遅れているということは、ないのである。

英語教育について、英文学の先生が教えることによるバイアスがあると第二章で述べた。類似のバイアスが、数学にもあるようだ。数学者が必要と考えている数学と、数学の利用者が必要な数学とは、少しずれている。数学のカリキュラムの決定には、経済学など数学の利用者が参加してもよいのではなかろうか。

◆パソコンはこわくない

パーソナル・コンピュータ（パソコン）がひろく利用されるようになってきた。

まず重要なことは、**パソコンの利用と数学は、ほとんど関係がない**ということだ。「文系だからパソコンは苦手で」というのは、全くの見当違いであり、言い訳にならぬ言い訳である。パソコンの機械やソフトを作るには、数学やエンジニアリングの知識が必要かもしれない。しかし、一般の利用者からみれば、こうした知識は、全く必要がない。車の運転に工学の知識が必要ないのと同じことだ。パソコンの場合は、免許すら必要ないのである。

パラシュート勉強法は、パソコンについても大変効果的である。この場合は、パソコンの操作に熟達した人に「飛行機」の役をしてもらい、必要な高さまで運んでもらうのがよい。マニュアルを読んで一歩ずつ段階を踏んで進もうとすると、大変な時間がかかる（場合によっては、不可能である）。いまでは、どんな職場にも「パソコン少年」がいるだろう。彼らに基本的な操作を教えてもらう。そして、とにかく、キーボードに触れてみる。パソコンは、操作を誤っても爆発したり故障したりすることはないから、安心して操作しよう。

ただし、プログラムから抜け出せなくなることがしばしばある。パソコン少年に教えても

コーヒーブレイク

アンプに化けた電子計算機 TAC

東大工学部が開発したTAC(Tokyo Automatic Computer)は、日本で初期に作られた電子計算機の一つである。一室全部がコンピュータであった。部屋中に置かれたラックに、約1万本の真空管が並んでいた。高性能管ではあるものの、平均寿命は1万時間。したがって、平均して1時間しか連続運転ができない。私の数年先輩の人たちは、「真空管の熱に汗だくになり、だましだまし運転して卒業論文の計算をやった」と威張っている。残念ながら、私が工学部に進学した時にTACが火を落とすことになったので、私自身は使っていない。

研究室の仲間とともに、解体作業を手伝いに行って、ご用済みになった真空管を貰ってきた。それを使って実験用の測定器を作り、研究室の経費節減に貢献した。それから、少しくすねて家に持ち帰り、オーディオアンプを作った（国有財産窃盗罪！　ただし、もう時効である)。高性能管だけあって、すばらしい音が出た。

その頃、普通の計算には、「タイガー」という手回しの計算機を使っていた。割り算のとき、「チン」と音がする一歩手前でとめて、非常に速く計算できるというのが自慢だった（若い人には、何のことかわからないであろうが)。乗除計算には、対数表や計算尺を使っていた。こうした道具は、いまや骨董品《こっとうひん》になってしまった。

ソロバンも骨董品だろうか？　加減算なら、卓上計算機より1ストローク少ないので、ソロバンのほうが早い。また、暗算もできる。私はあってもよいと思っている。 ■

げたらどうだろう。

らう場合、プログラムをどう終了させるかを必ず聞いておくのがよい。また、データを破壊する危険もあるから、操作するのは、コピーしたデータを対象にする。なお、教えてもらったら、きちんと礼をすること。パソコンまでは必要ないけれども、ソフトぐらいは買ってあげたらどうだろう。

◆パソコンを用いたデータ処理

パソコンの利用法のうち、ワード・プロセッサで文章を書くことについては、第三章で述べた。ここでは、数量データの扱いについて述べる。

パソコンで数量データを扱うには、

(1)BASICと呼ばれる言語でプログラムを書く

(2)既成の表計算ソフトを用いる

という二つの方法がある。

どちらにも共通するのは、数値計算をすることである。通常、数学を用いて解を求めるには、式を変形したり方程式を解いたりして解を求め、そこに実際の値をいれる。しかし、コンピュータの場合には、最初から具体的な数値の計算を行なう。

この二つの方法のうち、BASICでプログラムを書く場合には、問題にあわせて自由に処理法を考えることができる。これに対して、表計算ソフトは、二次元の表形式で問題を処理する。このため、処理方法に若干の制約がかかる。その半面で、プログラミングの知識がなくとも使えるので、便利である。

表計算ソフトは、会計処理や税金の計算、あるいは給与計算など、大量のデータを決まった形式で定常的に処理する事務計算に向いている。普通、オフィスではそのような用途に用いられているだろう。

このような計算だけでなく、一回限りのごく簡単な計算でも、卓上計算機を使うより便利な場合が多い。総和や平均値などの計算は、関数で組み込まれているのですぐに処理できる。計算で用いた値や結果を保存しておけるのも便利だ。また、グラフを簡単に描くことができるので、これを用いてデータのおおよその傾向をつかむこともできる。

さらに表計算ソフトは、数値データだけではなく、文字データを扱うこともできる。したがって、住所録などの個人データベースを簡単に作ることができる。

また、最近では、与えられたデータから結果を計算するだけでなく、「ゴールシーク」や「ソルバー」という機能を用いて、一定の条件を満たすような値を逆算することもできる。これによって、表計算ソフトは、単なる結果の整理だけでなく、プランニングの道具としても使えるようになった。

表計算ソフトによる計算は、理系の数学とはかなり異質のものである。むしろ、**文系のものだといってよいだろう。パソコンアレルギーに陥らずに**、是非活用したいものだ。

まとめ　数学の「超」勉強法

❶「基礎を理解してから」と考えていると、途中で挫折する。当面必要な箇所をともかく理解する。つまり目的地点に直接「パラシュート」で降下する。このために、百科事典や家庭教師を使う。

❷数学の基礎理論は、かなり難しい。「基礎を理解」というのは、程度問題である。

❸受験数学は暗記の側面が強い。計算力を維持するためには、「浸《つ》かっている」必要がある。

❹パソコンの普及、ビジネスでの数学的手法の増加などを考えると、「文系だから」という言い訳は通用しなくなる。

［第五章］

「超」暗記法

記憶術として昔から知られているのは、記憶したい対象を何かにこじつけて覚えようという方法だ。これは、買物リストなど、関連のない複数の事項を記憶するには役立つかもしれない。あるいは、余興でも使えるだろう。また、人名を覚えるとき、ある種の関連付けは、役に立つ。

しかし、これら以外に、**こじつけ暗記法にどれだけの意味があるかは、きわめて疑問**である。関連のない複数のものを頭から覚える必要は、実生活ではほとんどない。買い物リストなら、紙にメモを書くほうが確実だ。英語の単語を日本語にこじつけて覚えようという方法は、単語帳による勉強法よりさらに効率が悪い。

心理学や大脳生理学によって、記憶のメカニズムはかなり解明されてきた。こじつけ暗記法より、それらの知識を活用して合理的な記憶法を用いるほうがずっとよい。この章では、主としてそのような立場から、「暗記」のノウハウを考える。

1 注意と興味

◆バスの停留所は?

記憶を確かなものにするためには、本章の2以下で述べるようないくつかの方法がある。

しかし、それ以前に行なうべき絶対必要条件がある。それは、**記憶しようとする対象に注意**

を向けることだ。

あなたは、つぎのようなクイズで「引っかけられた」経験はないだろうか。

「始発のバスに三人の乗客が乗った。つぎの停留所で二人乗って一人降りた。つぎでは五人乗って三人降りた。つぎでは、……」という問題である。多くの人は、最後に残った乗客数を聞かれるのだと思って、加減算をしながら数えている。ところが質問は、「バスが停まった停留所の数は？」というものだった。乗客数に注意が向いていたために、停留所の数は数えていなかった。注意はしているけれども、適切な対象に向けていなかったのである。

意識していないことや、ぼんやりとしか観察していないことは、記憶できない。だから、記憶しようとすれば、まず対象に注意を向けなければならない。これはあたり前のことだ。

しかし、実生活では、**覚えるべき対象に注意を集中しないために覚えられない**ということが、意外に多いのである。例えば、初対面の人に紹介されたとき、挨拶《あいさつ》することに気を取られて、相手の名を注意して聞いていない。このために名前を覚えられない。大きな駐車場に車をとめたとき、その建物での用件に気を取られているので、駐車スペースの番号を覚えていない。訪問先のビルで応接室からトイレに出たら、戻るべき部屋がわからなくなる。これらはすべて、注意がよそに向いているからである。

私はどちらかというと、暗記は苦手なほうだ。これは、「暗記というのは、あまり高級な知的活動ではない。暗記力だけ優れていても、大したことではない」と考えていたせいだと思

ギリシャ時代から あった記憶術

コーヒーブレイク

「記憶術」は、古代から存在していた。すでにギリシャ時代に、ヒッピアスやシモニデスが教えていた。

シモニデスの方法は、晩餐《ばんさん》会での事故をきっかけに生み出されたものだという。建物が壊れて、食事中の多くの人が下敷きになって死んだ。列席していて助かったシモニデスは、すべての出席者の名を思い出して、遺体確認に貢献した。座席の様子を思い浮かべると、そこに着席していた人が思い出せたというのだ。

シモニデスは、これを拡張して、「座の方法」という記憶術を編み出した。例えば、自宅のようによく知っている建物を連想する。そして、各部屋に記憶すべき対象を置いたものと想像して、関連付ける。例えば、買い物リストを記憶するのに、玄関から入り、居間に入り、という順序にしたがって、そこに配置した対象を思い出してゆくという方法である。

14世紀から16世紀にかけてのヨーロッパでは、記憶術が流行し、さまざまの書物が著わされた。16世紀に記憶術を中国に伝えたイエズス会のマッテオ・リッチは、つぎのように書いている。「覚えたいことの一つ一つにイメージをあたえなくてはならない。そして、そのイメージの一つ一つに、記憶によって呼び出されるまで静かに休んでいられるような場所を割り当てるのだ[*]」。

しかし、印刷術の普及によって、こうした方法は急速に衰退した。現代では、ほとんど意味がないといえる。

* ジョージ・ジョンソン(鈴木晶訳)、『記憶のメカニズム』、河出書房新社、1995年(原典は、J.D.Spence, *The Memory Palace of Matteo Ricci*, New York, Viking, 1984) ■

う。このため、積極的に覚えようと努力しない場合が多かった。いまにして思えば、この考えは間違っていた。

ポイント　記憶しようとするなら、まず、対象に注意を向けよ。

◆対象に興味をもつ

では、どうすれば、対象に注意を向けられるか？　それは、**興味を持つ**ことである。興味こそ、もっとも確実な暗記法である。これは、「超」勉強法の第一原則の延長線上にある。

大学の私のゼミナールには、毎年十五名程度の学生がいる。彼らの名前も、すぐに全員覚えられるとは限らない。学期中は覚えていても、夏休みを挟むと忘れてしまったりする。しかし、目立つ学生はすぐ覚える。成績のよい学生、活発に発言する学生である。また、女子学生は一割程度と少数なので、格別の特徴がなくても注意が向く。それに対して、目立たない学生、個性に乏しい学生は、なかなか覚えられない。

ポイント　興味があることには、注意が向く。

この方法は、逆に利用することもできる。つまり、自分の名前を相手に覚えて貰いたいとき、**アソシエーションの材料を、こちらから提供する**のである。

毎年四月には、私のゼミナールで新入学生が自己紹介する。ここでうまい紹介をする学生がいる。「有名な俳優のAさんと同じ名前です」というのである。その学生を見ると、俳優のAさんを思い出す。そこで名前を思い出す。選挙であまり強くない候補者は、涙ぐましいまでの努力をして、自分の名前のアソシエーションを選挙民に提供している。

簡単な数字や記号を覚えるには、寄生法がしばしば有効だ。例えば、駐車場スペースの番号がS—42であるとき、もし「四十二歳の斎藤さん」という人が知人にいれば、その人をイメージしておけばよい（なお、この場合も、短いものをわざわざ長くして覚えていることに注意）。

昔から知られている記憶術である「座の方法」や「フック法」も、寄生法である。これらは建物の部屋や顔などよく知っているものに、記憶する対象を寄生させる方法である。

ただ、私は、この方法の一般的な有効性に関しては、大きな疑問をもっている。例えば、ある記憶術の本では、顔を用いる記憶法をつぎのように説明していた。まず、「頭でタバコを消す」「目に塩水が入る」「ラジオに噛み付いて口のなかでラジオが鳴っている」ところをそれぞれ想像せよという（!?）。そして、タバコと大気汚染防止法、塩水と海洋汚染防止法、ラジオと騒音防止法を関連付けよ。そうすれば、顔の各部を思い出すことによって公害対策基本

図5・1　北極からみた地球で時差を把握

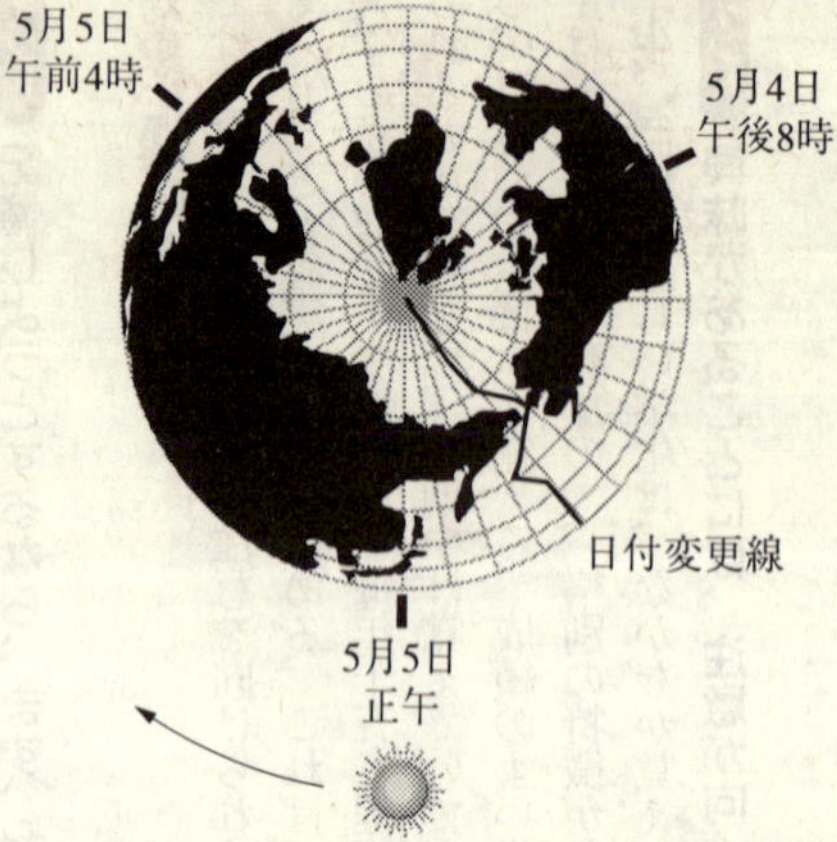

12 理解して覚える

◆日本とアメリカの時差は？

国際的な交流が増えた現代の社会で、時差計算は重要である。しかし、各地点間の時差を覚えておくのは大変だ。時差表でプラス七時間とかマイナス十三時間という数字をみても、どのような計算をしたらよいのか、すぐにわからないこともある。日付変更線も厄介だ。日本からアメリカ方向に越えたとき、日付は進むのか遅れるのか？

しかし、こうした事柄は、機械的に覚えておく必要はない。図5・1のように、地球を北極から眺めた図を描いてみれば、すぐにわかる。

東京が五月五日の正午だとしよう。太陽は東京の上にある。太陽は東から西に向かって動くので、日本から少し西に進んだところでは、まだ南中していない。つまり、午前である。日本から百二十度西に進むと、ほぼヨーロッパ（正確には東ヨーロッパ）になる。ここは、東京の八時間前、つまり五月五日の午前四時だ（ただし、夏時間の場合には調整が必要）。さらに百二十度進むと、アメリカ（中央部）になる。ここは、さらに八時間前、つまり五月四日の午後八時だ。このように、日本、ヨーロッパ、アメリカは、ほぼ百二十度ずつ離れているので、およその時刻は見当がつく。これら以外の場所も、それらとの相対関係で、大体見当がつく。また、以上のことから、日付変更線を日本側からアメリカ側に越えれば、日付が戻ることもわかる。

これに関連してもう一つ、海外出張が多いビジネスマンに有用な例をあげよう。「日本からアメリカへ旅行する場合、行きと帰りのどちらの時差が辛いか？」

答えは、「行き」である。このことも、機械的に覚えるのでなく、つぎのように理解すればよい。日本からアメリカに向かう場合、太陽の動きに逆らうことになる。したがって、一日の長さが短くなる。このため、夜が短くなり、早起きしなければならない。したがって、辛い。帰国の際は、逆に、一日が長くなる。したがって、夜更かしして朝は寝坊してもよいことになるので、行きよりも楽に調整できる（早起きが辛くて夜更かしが楽なのは、人間の体内時計の周期が二十四時間より少し長いからである）。

このため、米国出張の時は、到着直後に会議などの重要な用件は予定しないほうがよい。

しかし、帰国直後には、すぐに仕事に取りかかっても大丈夫である。これとは逆に、ヨーロッパに出張する場合には、到着直後から予定をいれてもよいけれども、帰国直後には重要な用件を入れないほうがよい。

以上は、**理解することによって記憶する**という方法である。なぜそのような結論になるかを理解し、推論の手続きを記憶しておけばよいのである。それは、結論そのものを鵜呑《うの》みにして覚えるより楽であり、また確実でもある。

第四章で、数学の公式は、頭から覚えるのでなく、導出法を覚えるほうがよいといった（機械的に覚えると、符号や係数があやふやになる）。これも同じ方法である。

料理でも、調味料の量や入れる順序などには科学的な根拠があるので、それを理解すればいちいち覚えなくてもよいのだという（しかし、料理法の本には普通そうした根拠が書いてないので、多くの人はくり返しで覚えている）。

ポイント　理解すれば、記憶は極めて強固なものとなる。

◆経済データをどう覚えるか

経済関連の統計データは、知っていると便利だ。社会科の勉強で必要なだけではない。実社会では、かなり重要なことである。

例えば、私が税について討論しているとき、「では、今年度の所得税収額はいくらか?」と聞かれて答えられなかったら、経済学者としての立場は決定的に悪くなる。「重要なのは税理論だ。税収の数字など、統計をみれば出ている」と弁解したところで、駄目である。仮に公開シンポジウムの席上でこんな言い訳をしたら、誰も私の意見に耳を貸さないだろう。

逆に、**数字を持ち出して議論すると、説得的**だ。故田中角栄氏がこれを得意としていたのは有名である。また竹下登氏も、数字に強いそうだ。他人の説得に役立つだけではない。自分でものを考える際にも、数字を暗記していれば大いに便利だ。

ところが、経済関係の統計数字は沢山あるから、すべてを機械的に覚えるのは大変だ。しかも、売上高や税収などの数字は毎年変わるので、面倒である。

しかし、これらについても、「理解して覚える」という手法が応用できる。つまり、**数字間の関係を体系的に把握**しておけばよいのである。すると、いくつかの基本的な数字さえ覚えておけば、あとはほぼ見当がつく。税収を例にとって、これを説明しよう。

まず、基礎的な数字として、日本のGDP（国内総生産）は、五百兆円程度であることを覚えておく（一九九四年度で約四百七十九兆円：GDPは、さまざまな経済量の基礎になるから、覚えておこう）。ところで、国の一般会計租税印紙収入の規模は、GDPの一割強である。だから、五十兆円程度と見当がつく（一九九四年度予算で約五十三兆円）。そのうち半分近くを所得税で賄《まかな》っている。だから所得税の収入は二十五兆円程度だ。

これは、正確な数字ではない。実際には、一九九四年度予算で二十一兆五千百三十億円である。しかし、通常の議論では、ここまで詳しく知っている必要はない。「丸めた数字で二十五兆円」といえば、十分通用する。要は、「二兆円くらいかな」と桁を間違えて馬鹿にされたりすることがなければよいのである。

ここで、一般会計租税印紙収入の規模とGDPや所得税収との相対的な関係は、別途覚えておく必要がある。ただ、これらについては、おおよその見当はつくから、桁を間違って覚えるなどの危険は少ない（また、「防衛関係費はGDPの一％」というよく知られた関係などを用いてチェックできる）。さらに、**相対関係は年によってあまり変わらない**。だから、所得税収について、毎年新しい数字を覚える必要はない。

ちなみに、法人税収入は所得税収入の約半分、消費税収入はさらに半分である。これも覚えておくと便利だ。これらを合わせると、一般会計規模のほぼ八八％となる。だから、その他の収入は、一般会計規模の一割程度、つまり五兆円程度であろうと見当がつく（九四年度では、約五兆五千億円）。

◆理解しながら統計データを覚える

同じような例をいくつかあげよう。このために、GDPの他に、日本の人口は約一・二億人であることを覚えよう（より正確には、一九九四年度で約一・二五億人）。

(1)平均世帯員数が約三人であることを考えれば、世帯総数は四千万程度であると見当がつく。

六割の世帯が六年周期で新車を買うとすれば、自動車の国内年間販売台数は四百万台程度だろう（一九九四年では、四百二十一万台）。

各世帯が住宅を三十年で建て替えるとすれば、年間の新設住宅戸数は百三十万戸程度だろう（一九九四年で百五十七万戸。なお、これは長期的平均より多い）。

(2)平均的な県の人口は、全人口の一％程度である。つまり、百二十万人くらいだ。このうち、約三分の一が県庁所在都市に集中している。だから、県庁所在都市の人口は、ほぼ四十万人くらいと考えて大きな間違いはない。

(3)ＧＤＰをドル表示すると、四・五兆ドルになる。輸出はその一割弱なので、四千億ドル程度、経常収支はその約四分の一で一千億ドル程度（一九九四年では約千三百億ドル）である。

(4)アメリカは、人口が日本の二倍で、一人当たり所得は約四分の三である。だから、ＧＤＰは六・五兆ドル程度だろう（一九九四年で六・六兆ドル）。中国は、人口が日本の約十倍、一人当たり所得では約五十分の一。だから、経済規模は五分の一程度だろう。

このような関連付けは、いくらでも行なうことができる。あなたが興味をもつデータについて、同様の方法で行なってみよう。このような作業を行なっていると、いままで気がつかなかった関係を見いだすこともあり、楽しい。この方法は、「超」勉強法の第一原則（面白いことを勉強する）にもかなっている。

なお、この方法は、個別の数字をバラバラに覚えるのでなく、GDPとか全人口というような「全体」との関連において覚えようとするものである。この点では、「超」勉強法の第二原則（全体との関わりで理解する）とも密接に関連している。

ポイント　経済データは、まず基礎的な数字を覚え、それとの相対関係で覚える。

◆人為的なルールにも有効

「理解して記憶する」という方法は、人間が作ったルールについても、有効に機能する（ただし、そのルールが整合的で合理的であることが前提である）。

例えば、「列車の一号車はどちらの方向にあるか」は、知っていれば便利な知識だ。指定座席を探すとき、あるいは出迎えのときなどに、ホームのどちらに向かって歩けばよいかがすぐわかるからである。

答えは、「東海道線では下りの先頭が一号車」である。これも、機械的に覚えている必要はない。つぎのような理屈をつけておけばよい。「最初に列車を走らせたとき、東京から大阪に向けて下り列車が走ったのだろう。そして、その先頭車両を一号車としたのであろう。その列車を折り返しで使うので、上りはしんがりが一号車になる。また、東北線や中央線などだと、東京駅のホームに並んだときに同じ順序になるように、東京側が一号車になっている」。

似た方法は、覚えにくい用語にも応用できる。数学用語「行列」における「行」と「列」は、どちらが横と縦か？「行」は、旁《つくり》の上部が横の平行線になっているから、横方向へのつながりである。「列」は、旁が縦の平行線になっているから、縦方向へのつながりである。このようにして覚えればよい（英語では、列はcolumnである。これは「柱」という意味だから、縦であることがわかる）。

◆長い命題のほうが覚えやすい

以上の例には、記憶を容易にするいくつかのヒントが含まれている。

第一に、**覚えるべき命題を長くする**ことによって、記憶しやすくした。最終的に知りたいのは、「日本とアメリカの時差」「所得税収額」「下りの先頭が一号車」というような単純な事項や命題だ。しかし、それらを直接に記憶の対象とはしなかった。その代わりに、中間的な命題を介して覚えたのである。これによって、覚えるべき内容は長くなってしまった。理由をつけて覚えると、その分だけ、覚える内容は多くなる。しかし、このほうが楽で確実なのである。

この方法は、「学習対象は少ないほどよい」「教科書は薄いほどよい」という考えとは、まったく逆のものである。西林克彦氏は、「学習対象の量が増えても、意味づけした場合のほうが、結局は学習しやすい」「したがって、教科書は厚いほうがよい」と述べている。*私は、この意見に全面的に賛成である。

第二章で、英語の単語を暗記するのでなく、文章を暗記すべきだと述べた。この方法でも、暗記すべき内容は長くなる。しかし、単語帳で覚えるよりはるかに楽である(しかも、実用になる)。数学の場合も、導出法によって公式を覚えると、覚える内容は多くなる。しかし、丸暗記より楽であるし、係数や符号なども間違えない。

ポイント　内容が長くなっても、理由をつけたほうが覚えやすい。また、記憶が確実になる。

……

＊　西林克彦、『間違いだらけの学習論』、新曜社、1994年。

……

◆「天動説」や疑似法則で理解してもよい

第二のヒントは、利用した法則に関するものである。時差の問題では、「天動説」を使った。地球は不動であるとして、太陽が東から西に動くと考えたのである。いうまでもなく、これは実際には正しくない。この動きは見かけのものであり、実際には地球が自転している。しかし、この例に関する限り、正しい結論を導く。しかも、「地動説」を用いるより簡単である。

列車の車両番号を覚えるのに用いた理由づけは、こじつけに近い。私は、これを覚えるのに、「最初に走ったのは東海道線で、しかも東京(新橋?)からだ。だから、最初の列車は東京からの東海道線下りになる」という理屈で覚えている。いうまでもなく、ここには、事実に反する内容も含まれている。これは、天動説が少なくとも見かけ上は正しい法則であるのと異なり、暗記のために考え出した「疑似法則」にすぎない。

必然的ではない事実を暗記するには、このような疑似法則に助けてもらうとよい。疑似法則は、記憶を補助する手段としては、有益である。

つぎの3で述べる方法のうち、「ストーリー法」と呼ぶものは、この拡張である(ただし、各命題が必ずしも論理的必然性で結びついていないので、万全ではない)。

ポイント　自分で法則をつくって覚えよ。

13 関連付けて覚える

◆覚えていても思い出せない

人間は、非常に多くのことを記憶しているのだそうである。[*] それどころか、脳の記憶容量は、使えば使うほど大きくなるという。[*2]

問題は、検索にある。記憶すること自体は簡単であっても、引き出せない。つまり、**覚えられないのではなく、思い出せない**のである。

イメージ的に表現すれば、非常に狭い入口の奥に広大なスペースがある倉庫のようなものだ。つまり、「記憶スペースが狭いために詰め込む余裕がない」のではなく、「記憶スペースが広すぎて、あまりに沢山の記憶が貯蔵されているために、探し出せない」のである。

だから、問題は、記憶対象にいたるまでの道筋をつけることである。きっかけを見つけると、それを手がかりに、いもづる式に記憶を引き出せる。教科書を全文覚えていると、どこかの部分を思い出すだけで、そこからあとは自動的に出てくるのは、このためである。

関連の付け方としては、さまざまな方法が考案されてきた。それらをまとめると、つぎの三つに分類できる(これらは、昔から行なわれてきたものだ。ただし、名称は私がつけた)。

(1)共通属性法:共通する属性でくくる

(2)寄生法:よく知っているものに寄生させる

(3)ストーリー法:因果関係でストーリーを作る

これらは、多分に「こじつけ」であり、2で述べた「疑似法則」よりさらに必然性が薄い。したがって、完全に機能しない場合もある。しかし、何も用いない場合よりは、記憶が強化されることが多い。これらについて、以下に述べよう。

＊ 人間が生まれてから記憶したことは、生涯保持され、決して消えないのだという。カナダ、マッギル大学のペンフィールドの実験によると、人間の脳を電気刺激すると、自分では全く忘れてしまったと思っている幼児期の記憶をありありと思い出すという。ブラウン、『記憶力がよくな

る本』（p20）。松本元、「脳のダイナミズム、3」、『日本経済新聞』、1995年7月15日夕刊。
＊2　A・ウインター、R・ウインター（酒井一夫訳）、『脳力トレーニング』、東京図書、1989年（p111）。

◆共通属性法

「共通属性法」とは、**覚えるべき対象から共通する属性を抜きだし、それによって関連付けを行なう方法である。**

例えば、「三菱商事に勤務して、メガネをかけている石井さん」を覚える必要があるとしよう。この際、「三菱商事」「メガネ」「石井」の三つから、共通するものを見つけ出す。例えば、「三菱」＝スリー・ダイヤモンドから「ダイヤ」を、メガネから「ガラス」を、そして石井から「石」を抽出することができよう。これらは、「鉱物」という共通のものとしてくることができる。

この人を思い出すときには、まずメガネをかけていた人だったことを思い出す。そして、ガラス→ダイヤモンド→三菱という連想で、三菱商事の人だったことを思い出す。つぎに、鉱物との連想から「石」を思い出す。

もちろん、この方法で必ず思い出せるわけではない。メガネをかけている人は多いから、そこからどのような属性を抽出したかを忘れたら、駄目である。必ずしもガラス→ダイヤモンド↓三菱商事という連鎖がつけられるかどうかわからない。また、「三菱商事」が思い出せても、「石」に結びつけるのは、さらに難しい。似たような方法で覚えた別の対象と混線してしまうかもしれない。また、「石」が思い出せても、石川さん、石橋さんなどのどれかがわからないこともある。

しかし、漫然と覚えようとするよりは、はるかに記憶は強化される。なぜこの方法が機能するのであろうか。それは、人間の記憶が、内容が類似していることをまとめて覚えているからである。これは、単なる作業仮説ではない。脳細胞の中で、類似のことは物理的に近い位置に記憶しているらしい。* だから、ダイヤモンドを思い出すと、その近くにある「鉱物」という範疇から、ガラスと石を取り出すことができるのである。

なお、この場合の覚えるべき対象が「石井さん」という名前だけだったとしても、それだけを覚えるのでなく、「三菱商事」という所属組織名や、メガネ、太っているなどの外見上の特徴も一緒に覚えるほうが容易であり、記憶も確かなものになる。2で、「短いものより長いもののほうが覚えやすい」といった。それと同じことが、ここでも成り立つ。

ポイント　対象から共通する属性を取り出し、くくって覚えよ。

…

＊ A・ウインター、R・ウインター、前掲書（p110）。

…

◆寄生法

「寄生法」とは、覚えるべき対象を、**自分がよく知っている別のものに関連付ける**方法である。

例えば、「石井さん」を紹介されたら、「友人の石井氏と同じ名前だ。そういえば顔つきが似ているな」というように**関連（アソシエーション）**をつける。つまり、新しい石井さんを、友人の石井さんに「寄生」させることによって覚えるのである（これは、二人の間に、「石井姓」という共通属性があることを利用する方法だから、共通属性法の一種と考えることもできる。ただし、友人の石井さんは覚えるべき対象でなく、すでに知っている対象であることが異なる）。

もちろん、この方法も万全なものではない。再びこの人に会ったとき、都合よく友人の石井さんを思い出すとは限らない。しかし、「石がつく名前だった」程度は思い出せるときに、石川さんだったか石橋さんだったかというような混乱には陥らないで済むだろう。

われわれが人名を覚える場合に、日本人であれば、覚えやすい。これはアソシエーションをつけやすいからだ。ほとんどの人について、すでに知っている別の人と関連付けられる。ところが、アメリカ人やイギリス人だと、少し覚えにくくなる。関連付けられる人が少なくなるからだ。中近東や南アジアの人の名前だと、もっと難しくなる。馴染《なじ》みが薄いので、アソシエーションをつけにくいからである。

法の体系を思い出せる、と述べている。私にはまず、「頭でタバコ」といったイメージがなぜ自然なものなのか、わからない。そしてまた、公害法の名前を記憶することに何の効用があるのかも、理解できない。こうした方法は、せいぜい余興の席で使える程度のものではあるまいか。

もっとも、「フック」として必然的で確実なものがある場合には、有用なこともある。私が学んだ高校では、授業の多くは、生徒の発表であった。歴史の授業を発表形式でやると、歴史の内容が生徒と関連付けられる。「この事件はB君が発表したところだから、一七〇〇年頃のことだ」とわかるのだ。つまり、生徒名をフックにして、歴史の年号を覚えられるのである。生徒は五十音順であるから、少なくとも順序に関しては、確実に覚えられる。

ポイント　記憶したい対象を、すでによく知っている対象に寄生させる。

◆ストーリー法

論理的あるいは自然科学的な必然性がなくとも、関連付けで覚えられるときがある。西林克彦氏は、つぎのような心理学実験の結果を紹介している。[*] これは、

- 「眠い男が水差しをもっている」
- 「太った男が鍵をもっている」

というような文章を記憶させる実験である。このような文章をいくつも覚えさせられると、

被験者は、男と行為を結びつけられなくなる。「眠い男」がもっていたのは、水差しだったのか鍵だったのかが、混乱してくるのである。

ところが、「男」と「もっているもの」との間に**中間項を付け加えて**、つぎのように両者を関連付けると、記憶は飛躍的に向上する。

・「眠い男は、眠気をさますためにコーヒーを入れようとして、水差しをもっている」
・「太った男は、食べ物を探すために冷蔵庫を開けようとして、鍵をもっている」

「眠い」と「水差し」は直接に結びつかない。しかし、「コーヒー」という中間項をいれると、「眠い」と「コーヒー」が、そして「コーヒー」と「水差し」が自然に結びつく。この場合にも、記憶の対象は増えている。しかし、記憶は容易になる。

この方法は、2で述べた「理解して覚える方法」に一見して似ている。しかし、両者の間には、本質的な差がある。なぜなら、ここでのストーリーは、自然法則でないことはもちろんのこと、疑似法則でさえないからである。*2

実際、これは、「風がふけば桶屋が儲かる」と同じである。ここに出てくるキーワード(風、埃《ほこり》、目の不自由な人、三味線、猫、鼠《ねずみ》、桶)は、こじつけのストーリーで結びつけられている。そこには、無理がある(だからこそ、落語の題材になっているのである)。したがって、忘れてしまうこともある。

しかし、共通属性法や寄生法と同じく、うまく用いれば記憶を強化するために用いることができるだろう。

ポイント　記憶すべき対象をストーリーで結びつける。

＊　西林、前掲書（p16）。

＊2「眠い」と「コーヒー」、「食べ物」と「冷蔵庫」は、確かに自然に関連している。しかし、それは必然的な関連ではない。実際、つぎのようなストーリーを作ることもできる。「眠い男は、寝室で寝るために、その鍵をもっている」、「太った男は、食事をすませて、水差しをもっている」。だから、眠い男と水差しは、必ず結びつけられるわけではない。この方法は、失敗することもある。

4 繰り返しで覚える

◆繰り返しにより、力ずくで覚える

記憶するには、対象を理解し、あるいはなんらかの方法で関連付けるのがよいと述べた。しかし、どんな場合でもこれができるわけではない。また、アソシエーションをつけられない無意味な内容のものを覚える必要もある。学校の学習では、そういうケースが多い。

例えば、太陽系の惑星の順序、スイ・キン・チ・カ・モク・ドッ・テン・カイ・メイは、[*]

誰でもこう唱えることで、覚えたに違いない。私も、中学生の時に覚えた地震の強度(ム・ビ・ケ・ジ・チ・キ・レ：無感震、微震、軽震、弱震、中震、強震、烈震)を、いまでも覚えている。九九もそうである。全く何の意味づけもアソシエーションもなく、覚えた。

力ずくで覚えるためには、反復する必要がある。反復すれば、無意味な内容でも、覚えることができる。「門前の小僧、習わぬ経を読む」というように。

仮に3で述べたような関連付けができた場合であっても、反復して覚えるほうがよい。特に、論理的な必然性が弱いものは、そうである。正しい法則に依拠して覚えたものについても、繰り返しで記憶が強化される。英語の文章のようにストーリーがはっきりしているものも、繰り返しで覚える。

反復の重要性は、自宅の電話番号と車のナンバーを比較すればわかる。自宅の電話番号は、他人に伝えたり外から電話するなど反復する機会が多いので、覚える。住所も、書類に書くことが多いので、覚える。これに対して、車のナンバーは、自分の車でも覚えにくい。反復が少ないからだろう。パスポート番号などを覚えているのは、ごく特殊な人だろう。

漢字という複雑なものを覚えていられるのも、繰り返して使用しているからだ。その証拠に、ワープロで書いていると、漢字の書き方を忘れる。講義で黒板に書いている途中で漢字を忘れるのは、誠に具合が悪い。難しい字ならともかく、非常に簡単な字を忘れてしまう。

私は、漢字を忘れないために、ときどき手書きをしている。

……

＊　一九七八年十二月から一九九九年三月までは、メイ・カイ。

……

◆語呂あわせ

日本語では、数字の記憶に語呂あわせを使えるので、本来は無意味な数字の羅列も、比較的楽に覚えられる。電話番号は、多くの人がこの方法で覚えている。語呂あわせの多くはこじつけであるけれども、花屋さんの電話番号が八七八三（ハナヤサン）であるような場合は、こじつけとはいえない。英語ではこれができないので、電話機のダイヤルに、数字に対応してアルファベットが書いてある。あるいは、文章のなかの単語の字数で数字を覚えるという、かなり苦しい方法を使っている。[*]

歴史の年代を、「いい国（一一九二年）開く鎌倉幕府」というように覚えるのも、同じ手法である。受験参考書に沢山出ているので、これらを知らない受験生はいないだろう。日本語では、七五調にもできるので、さらに楽だ。

定数を覚えるのにも使える。$\sqrt{2}=1.41421356\cdots$を、ヒトヨヒトヨニヒトミゴロとするのは、誰でも知っている。円周率πとなると、もっとすごい。

3.14サンイシ（産医師）1592イコクニ（異国に）65ムコウ（向こう）35サンゴ（産後）8979ヤクナク（厄なく）32サンプ（産婦）38462ミヤシロニ（御社に）64ムシ（虫）33サンザン（散々）83279ヤミニナク（闇に鳴く）……。

コンピュータが発達したいまではほとんど実用にならないけれども、余興くらいには役立つだろう。

化学の周期律表（H He Li Be B C N O F Ne…）の覚え方「水兵リーベ僕の船七曲がりシップス クラークか」、イオン化傾向（K Ca Na Mg Al Zn Fe Ni Sn……）の覚え方「金貸すな、まあ当てにすな、ひどすぎる借金」を、いまだに暗唱できる人もいる。*2

語呂あわせは、数字以外にも使われる。出勤時の持ち物チェックのためによく使われるのは、「ハトガマメクッテ、パ」という呪文である。これは、「鳩が豆食って、ぱっ（と飛んだ）」ということだ。その意味するものは、ハ：ハンケチ、ト：時計、ガ：がま口（つまり財布）、マ：万年筆、メ：メガネ（あるいは名刺、あるいは免許証）、クッ：靴べら、テ：手帳、パ：パス（つまり定期券）。馬鹿にしないで使ってみると、なかなか便利だ。

＊ 円周率πを覚えるには、

"May I tell a story purposing to render clear the ratio circular perimeter-breadth, revealing one of the problems most famous in modern days, and the greatest man of science anciently known."

という文章の単語の字数で記憶するのだそうである（柴田昭彦氏の『πの本』という私家本に紹介されている：ホーテンス・S・エンドウ（遠藤諭）、『近代プログラマの夕 2』、アスキー出版局、1995年)。
＊2　明海大学講師、吉田浩氏による。

◆繰り返しのタイミング

記憶のメカニズムについては、つぎのようなことがわかっている。

まず、すべての刺激は、ワーキング・メモリ(短期記憶)に入る。しかし、何もしなければ、しばらくすると失われてしまう。非常に強い刺激や記憶のために特別に努力したものだけが、選ばれて長期記憶に蓄えられる。

例えば、電話番号についていうと、番号簿で見て記憶しダイヤルを回す場合、この番号はワーキング・メモリにいれられている。そして、ダイヤルしてしばらくすると、失われてしまう。これに対して、自宅の番号のような特別の番号は、長期記憶に蓄えられている。

3の最初で「非常に容量が大きい」と述べたのは、長期記憶のことである。これに対して、ワーキング・メモリの容量は限られている。だから、格別の努力をしないと、数分のうちに消えてしまう。また、あとから別の刺激が入ってくると、それまでワーキング・メモリに蓄えられていた内容は追い出されてしまう。これは、われわれが日常経験していることだ。例えば、仕事中に電話がかかると、電話が終わったあとで、それまでしていた仕事の内容を忘れてしまうことがよくある。

そこで、**ワーキング・メモリの内容が消える前に、それを長期記憶に移す**ことが必要である。長期記憶への刷り込みを確実に行なうには、繰り返しが必要だ。その際、タイミングが重要である。**間隔を倍に長くしながら繰り返す**のがよいといわれる。

例えば、人の名前を覚える場合、紹介されたときに、まず名前を一回くちずさむ。一秒後に、繰り返す。つぎに二秒後、四秒後に繰り返す。この方法は、集中的な繰り返しより効率がよいことが知られている。[*]

また、ある本は、つぎのように助言している。まず、最初の復習を十分以内にする。そして、一日、一週間、一月、半年後に改めて復習するとよいという。[*2]

なお、寝る(散歩する)前に暗記する、あるいは、暗記したら寝る(散歩する)とよい、と助言している本も多い。これはワーキング・メモリに暗記対象のもの以外を入れないための工夫である。

　年をとると、物忘れが激しくなるといわれる。しかし以上で述べた方法を総動員すれば、十分にカバーすることができるだろう。

ポイント　間隔を徐々にのばしつつ、繰り返して覚えよ。

＊　ハーマン『超記憶術』、(p１１９)。

＊2　ウインター、前掲書(p１１０)。

5 受験の暗記

◆数学や理科は理解して覚える

受験では、覚えるべきことが多い。数学でも公式を覚える必要がある。ただ、第四章で述べたように、機械的に覚えるのではなく、導出法を覚えるほうが楽であり、確実だ。これは、「理解して覚える」という方法だ。

理科の場合にも、「理解して覚える」べき場合が多い。典型的な例をあげよう。「上弦の月（新月の約一週間後の月）で明るいのは、右側か左側か？」この問いを私の周りの何人かにしてみた。誰もが中学生の時に理科で習ったはずの知識なのに、正解者はゼロであった。

この答えは、「右」である。「右、左」というような単純な事柄だけに、忘れてしまうのだろう。しかし、このことは、機械的に暗記する必要はない。上弦の月とは、太陽を追って動いている月だ。夕暮れに南中している。だから、右の方向に太陽がある（図5・2参照）。このように考えれば、右が明るいということがすぐにわかる（正確にいうと、「右」ではなく、「西」である。南半球では、明るいのが左側になっている）。

もう一つ例をあげよう。図5・3(1)で空気中からガラスに入射した光は、ガラス内で屈折する。では、その進路は、図のA、Bのいずれか。この答えも、機械的に覚える必要はない。誰でも覚えていることに関連付けて、つぎのように正しい答えを簡単に導ける。

図5・2　上弦の月は右側が明るい

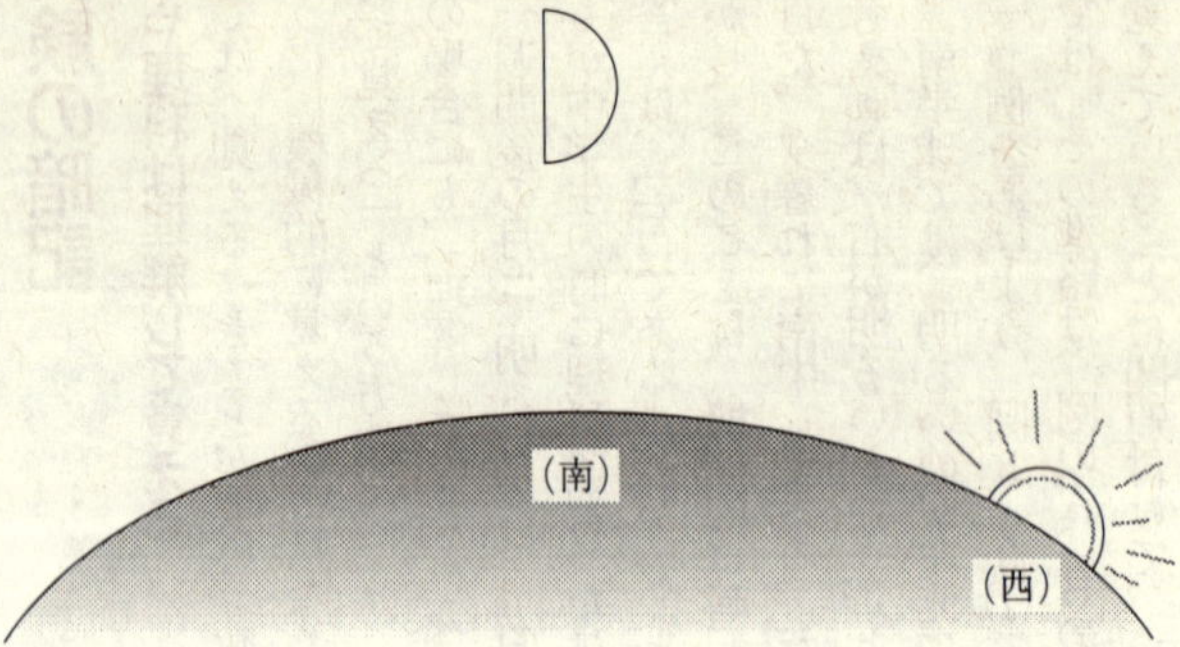

図5・3(1)
ガラスに入射する光の屈折

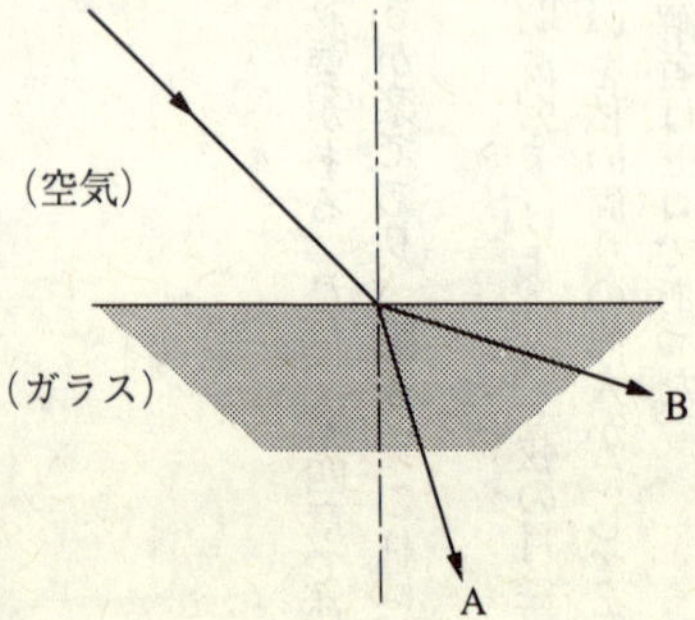

図5・3(2)
凸レンズによる光の屈折

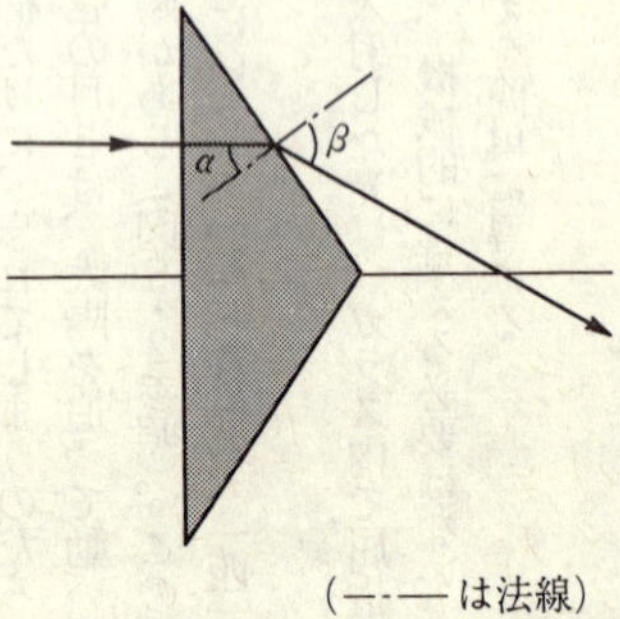

(—·— は法線)

図5・3(2)のようなレンズを想定しよう。これは、凸レンズである。左からレンズに入った光が、図のように屈折することは、格別覚えていなくとも、誰でも知っている（太陽光線を凸レンズで集めたことを思い出せばよい）。光がレンズから空気中に出る点でレンズ面に法線をたてて光の経路をみれば、αはβより小さいことがわかる。したがって、(1)における答えは、Aである。

◆歴史は有機的に関連付けて把握する

歴史の年代を覚えなければならないのは、受験特有の要請だ。すでに述べたように、語呂あわせで主要な年を覚えるのがよい。これらをピボット（軸）として、その他のことを関連付ける。

歴史の勉強を面白くする一つの方法は、革命などの主要な事件を中心として、さまざまな世界史的事件を多角的に関連付けてみることであろう。フランス革命を例にとると、それに先だつイギリスの産業革命、アメリカ独立戦争などが、革命の遠因になっている（産業革命によりフランスが経済的に劣位にたった。独立戦争への援助がフランスの財政を窮迫させた）。また、産業の発達によって新たな市民階級が現われ、啓蒙思想の影響を受けて、旧体制の打破を目指すようになった。そして、革命後は、ヨーロッパ全土がナポレオン戦争に巻き込まれ、神聖ローマ帝国が滅亡した。こうした動きは、さらに十九世紀の自由主義や国民主義につながってゆく。このように、歴史上の事件を互いに関連付けてみると、無理に暗記しようと思わなくとも、立体的、有機的に把握できるようになる。

また、エピソードを知っていると、人物の関連付けもできる。例えば、六歳のモーツァルトは、オーストリー王妃マリア・テレジアの前で神童ぶりを発揮し、皇女マリー・アントワネットを「お嫁さんにしてあげる」といった（といわれる）。モーツァルトの「フィガロの結婚」は、貴族を風刺したもので、フランス革命前夜の社会で危険思想と見做《みな》されていた。まだ学生だったゲーテは、マリー・アントワネットがフランスに嫁いでゆくところをみている。ベートーベンの交響曲第三番の表題ページには、当初「ボナパルト」の題名と献辞が書かれていた。ゲーテは、ベートーベンの音楽を聞いていらだった、等々。これらのエピソードによって、歴史上の登場人物が時間的に関連付けられる。いつ頃の人かということを暗記する必要はない。

◆学習対象に興味をもつ

「対象に注意を向けないと記憶できない」というのは、学習でも同じである。ぼんやり講義を聞いたり、漫然と本を読んでいるだけでは、覚えられない。

ところが、学生時代には、「対象に興味をもて」といわれても、むずかしい。一度も訪れたことがない土地の産業を覚えさせられても、少しも興味がわかない。大昔の事件を歴史で学んでも、興味をそそられない。地名や人名、そして年代や王朝名を無理やり覚えなければならないのは、苦痛だ。

しかし、旅行して実際にその地を訪ねると、地理にも歴史にも強い興味を抱くようになる。だから社会の勉強で一番重要なのは、そこに実際に行ってみることだ。とはいっても、それを忠実に実行するには金も時間も掛かる。学生にはむずかしいだろう。また、歴史を遡《さかのぼ》って過去の世界に行くことはできない。

しかし、それを代替する手段はある。例えば、歴史の授業で学生に漫画をかかせるというアイディアを実行している学校があるそうだ。これは、対象に興味をもたせるという意味で、大変よい方法だと思う。

いま一つは、**本を読んで疑似体験をする**ことだ。例えば歴史小説を読むと、その時代に興味をもつ。現代の小説でも、舞台となっている土地が詳しく描写されていれば、そこにいったような気になる。そうすれば、歴史や地理の勉強は面白くなるはずだ。小説でなく、映画やテレビ・ドラマでもよい。

シュテファン・ツバイクの『人類の星の時間』[*]は、歴史上の感動的なエピソードをいくつか集めている。短篇集だから、すぐに読める。是非一読を勧めたい。これで興味をもったら、同じ著者の『マリー・アントワネット』[*2]を読んでみよう。フランス革命の時代に生きているような気分になるだろう。

＊シュテファン・ツバイク（片山敏彦訳）、『人類の星の時間』、みすず書房、1972年。
＊2シュテファン・ツバイク（高橋禎二、秋山英夫訳）、『マリー・アントワネット』（改訳）、岩波文庫、1980年。

16 ビジネスマンの暗記

◆人名を覚える

ビジネスマンにとって、つねに覚えておかなければならないことは、さほど多くない。むしろ、あとで述べるメモの活用のほうが重要だ。覚えておく必要があるのは、仕事に関連する数字と人名であろう。前者については、2で述べた。人名を正しく覚えることは、対人関係の上できわめて重要だ。「人脈」を作りたいと思うなら、まず、人名を覚える必要がある。

ところで、これも、才能というより努力である。人名をよく覚えている人は、人知れぬところで、努力をしているのだ。

この章で述べた一般原理は、**人名の暗記**にも強力なノウハウとなる。

(1)注意を向ける

まず、名前に注意を向け、覚えようとする意欲が必要だ。最初に紹介されるとき、相手の名前をつねに意識する。

(2)関連付ける

知人、芸能人、政治家などでよく知っている同じ名前の人に関連付ける。あるいは、地名と関連させる。あるいは、会社名に注目し、「共通属性法」を使って覚える。3では、石井さんという名前だけでなく、「メガネ」や「三菱商事」に着目した。なぜなら、外見上のイメージは比較的よく覚えられるからだ。また、組織の名はよく知っているし、本社ビルのイメージなどを、容易に思い浮かべられるからだ。

(3)反復

会話の中で相手の名を呼びかける。「そのとおりですね。野口さん」というように。これは、アメリカ人がよくやる方法だ。

最初に紹介されたときがあわただしい状況だったとき、もう一度名を聞き返すことは失礼にならない。むしろ、相手に興味をもっている証拠であるから、好感される場合もあるだろう。

名前を覚えるにあたって、名刺は非常に便利だ。外国人も最近ではかなり使うようになってきた。歓迎したい。

人名記憶における田中角栄と岸信介

コーヒーブレイク

私は、1964年に大蔵省に入った。当時の大蔵大臣は、就任2年目、弱冠46歳の田中角栄氏であった。20人の新入生が揃って大臣室に挨拶にゆく。田中大臣は、訓示のあと、20人の名前を一人ずつ呼んで握手した。ソラで呼んだのである。驚くべき記憶力であり、感嘆すべき人心収攬《しゆうらん》術であった。

岸信介氏は、パーティなどで会う人に、よく「君の名前は?」と聞いたそうである。「野口です」と答えると、「それはわかっているよ、野口君。名字でなく名前を忘れてしまったのだよ」といったそうである。

どちらもユニークだ。そして、どちらも常人には真似ができない。■

◆メモに頼れ

メモを活用すれば、記憶のために余計なワーキング・メモリを使わなくてすむ。余計なことを記憶するより、創造的な仕事に専念したほうがよい。

人間が他の動物より圧倒的に優れている点の一つは、外部記憶装置を利用できることである。これは最大限に利用すべきだ。*

スピーチの要旨はメモに書き、それを見ながら話しても、決して悪くない。ただし、全文書くと読み上げ調になって面白くないので、話の筋と数字、そして人名だけを書く。スピーチは聴衆を見ながら行なうべきものである。[*2]

結婚披露宴のスピーチも、メモに書いておいて差し支えない。とくに、**人名はメモに書いておく**ほうが安全だ。披露宴のとき、新郎新婦の一方はそれまで面識のない相手だから、名前を覚えていなくても当然なのである。ワーキング・メモリを、名前を覚えていることに使うより、スピーチそのものにあてるほうがよい。

＊　メモのとり方については、野口悠紀雄、『続「超」整理法・時間編』（p240）を参照。

＊2　英語でスピーチする場合のメモを、私は日本語で書いている。英語で書くと、話しながら見るのには不便である（一瞥《いちべつ》しただけで意味を直ちに捉えるのが、難しい）。英語で話しながら（つまり英語で考えながら）日本語のメモを見るというこの方法は、第二章の2〈英語細胞で考える〉の項で述べたことと矛盾するように思われるかもしれない。しかし、必ずしもそうではないと思う。スピーチのメモは、本文で述べているように、文章ではなく、話の筋を示すだけの単語である。このような孤立した単語であれば、英語で考えている最中にインプットされても、思考を乱すことはない。

まとめ　「超」暗記法

❶まず対象に注意を向ける。

❷理解して覚える。
より一般的な法則に還元し、なぜそのような結果になるかを理解する。
❸関連付けて覚える。
(1)共通概念でくくる。
(2)よく知っているものに寄生させる。
(3)因果関係のあるストーリーを作る。
❹力ずくで覚える。
(1)反復する。
(2)語呂あわせを作る。

[第六章]

「超」受験法

試験は、古くから行なわれ、すでに確立された社会的な仕組みの一つである。それは明確な目的をもって行なわれ、長年の経験から一定の方式に従って行なわれている。とくに大学受験はそうである。資格試験、入社試験なども、基本的には同じだ。

これは、**試験を受ける合理的なノウハウが存在する**ことを意味する。それは、かなり単純で、しかも効果的なノウハウである。

しかし、これらは、**受験生の側からはなかなか見えにくい**。私自身も、試験を行なう側に立って、初めてわかったことが多い。試験を逆の面からみれば、意外な面がみえるのである。

1 試験する側から見た試験

◆受験勉強は特殊な勉強

受験勉強は、勉強全体の中では、かなり特殊なものだ。どのように特殊かをまとめておこう。

(1)問題が与えられている

これは、あまりに自明のことで、わざわざ書く必要もないくらいだ。しかし、現実の世界では、問題そのものがはっきりしない場合が多いのである。問題を捉えること自体が難しい。学者の仕事では、研究テーマを見出すこと自体が、成功のための重要なステップなのである。受験では、こうしたことに苦労する必要はない。この意味で、知的作業における最も難しい部分は、すでに解決されている。

(2)正解がある

現実世界の問題には、解がないものもある。あるかないかが、わからないこともある。「フェルマーの最終定理」の証明が難しかったのは、そもそも証明できるかどうかが、わからなかったからである。

しかし、試験問題には、必ず正解がある。しかも、普通は単純な形をしている。数学や物理で答えの式が複雑になったら、間違えたと考えてやり直すほうがよい。これは、重要なノウハウだ。

(3)出題範囲が決まっている

試験を行なう側では、範囲を逸脱して批判されることのないよう、細心の注意を払っている。とりわけ、有名大学の入学試験では、そうだ。だから、何を勉強すればよいかは、明確に与えられている。これについても、これまでに述べてきた。

しかも、試験に出す問題は、あまり易しくても駄目である。この条件を加えると、試験に出せる範囲は、さらに限られてくる。だから、過去の問題をみれば、「傾向を知り、対策をたてる」ことが、比較的容易にできるのである。

(4)知的な文章がでる

英語の読解問題に出る文章は、知的な文章である。したがって、そこに現れる単語は、抽象概念などの「知的な」ものにバイアスがかかっている（第二章の3参照）。国語の読解問題に出る文章もそうだ。したがって、論理構成が標準的なものになっていると仮定してもよい。また、一つのパラグラフの内容は均質で、キーワードによって代表されると考えても、（多くの場合に）さしつかえない（第三章の2参照）。

(5)時間内に解く

以上は、一般の勉強に比べて受験勉強が易しい側面である。しかし、逆に、難しい側面もある。それは、制約時間内に解答しなければならないことだ。もちろん、一般の仕事でも、時間の制約はある。しかし、受験の場合の時間制約は、極めて厳しい。

「受験数学は暗記だ」といわれる大きな理由も、時間制約にある。自分で解法を見いだして解いても、そのために何時間もかかってしまっては、試験では無意味なのである。

◆入試は最終目標ではない

試験は以上のような特性をもっているので、すばしこくて要領のよい人間がよい成績をとる。この能力が一般的な能力と相関しているのは事実だ。だからこそ、企業は有名大学の卒業生を採用しようとするのである。

しかし、「優秀な人間」と「受験秀才」は、異なる部分も多い。「受験秀才」は、あとになって必ずしも伸びない。ビジネスの世界でそうであることは、いうまでもない。学問の世界でもそうなのである（終章を参照）。

これは、次の二つのことを意味している。第一は、試験を通り抜けるだけなら、あまり能力がなくてもできるということである。勉強法が適切で意欲があれば、かなりの程度まで能力差を克服することができる。

第二は、入学試験は勉強の最終目的ではないということである。**大学に入学したとたんに勉強をやめてしまうのでは、入学した甲斐がない。**勉強は生きている限り続けるものだ。

◆試験をする側の事情

受験生の立場からすると、受験校は、権威の象徴に見える。とくに大学の場合はそうである。だから、気圧《けお》される。

しかし、出題している教官も、昔は、受験で苦労していたのだ。生まれつき頭がよい人もいるけれども、彼らも勉強しないで入ったわけではない。だから、立場の差は相対的なものと考えることにしよう。

また、**試験をする側の事情**もある。とくに重要なのは、つぎの二点だ。

(1)入学試験の目的は、**相対評価**である。つまり、受験生の間に差をつけることだ。ある水準に達しているかどうかを判別する**絶対評価ではない**。このため、つぎのようなことになる。まず、全員ができる問題では、選別ができない。だから、ある程度難しい問題になる。入試問題が**難しいのは、誰にとっても同じ**なのである。また逆に、誰もできない問題でも、選別ができない。だから、**努力すれば解ける**問題であるはずだ。

(2)採点の都合もある。例えば、「英語的な」表現をさせるテストなどは、実力を見る上では、大変よい。しかし、採点が大変である。あいまいな基準では、あとで問題になるかもしれない。そこでどうしても、**採点が客観的にできる問題**になる。

12 筆記試験の受け方

◆環境には文句をつけてよい

試験場の**物理的な条件**に問題があれば、**遠慮なく要求してよい**。例えば、西日があたる、暖房がきかない（あるいはききすぎる）、机がでこぼこ、照明が暗いなど。これらには試験実施側で対処する義務がある。実際、試験校は、こうした条件を整えることに大変気をつかっているのである。受験生の側からみると、あまり文句をいえない雰囲気だろう。しかし、実

東大
ハイジャック計画

コーヒーブレイク

「受験地獄を解消するには、東大をつぶしてしまえばよいという意見がある」

「つぶすといったって、どうやるんだい」

「面白い考えを提案した人がいた。1000人くらいの学生を集めて、奨学金を出し、受験の特訓をする。そうすれば、文一、文二くらいは占領できるだろう。他の受験生は入れなくなるから、つぶしたのと同じことになる」

「でも、つぎの年には、前と同じになるじゃないか」

「退学して、もう一度受験するというのだ」

「そんなことしてたら、いつになっても受験生。いくら奨学金を出しても、長続きするとは思えないね」

「そこが欠点と思うんだ。そこで、すごいアイディアを考えた。これからは高齢化社会。会社を退職したあと暇になる人が大勢いるね。彼らに受験させるわけだ。リタイアした東大卒業生に、もう一度挑戦して貰ったらどうだろう。入学すれば、学生のほうが教官より先輩だから、講義にも文句をつけやすい。師匠の講義と比較されたりすると、教官も教えにくいだろうね。で、どんどん退職する。学内の高齢化比率が高まると、若者は敬遠するようになる。そうなると人気が落ちて合格しやすくなり、ますます高齢化が進む。ゆくゆくは本郷のカルチャーセンターということになるかも」

「しかし、そんな歳で受験して受かるだろうか？」

「そこで、この本が登場する訳さ。『「超」勉強法』で勉強すれば、どんな歳でも、合格間違いない」■

はそうではないのだ。これは、私が試験をやる側にたって初めてわかったことだ。

実をいうと、これ以上のことにも対処する。一番よい例は、受験票を紛失したり、忘れたときである。これでも受験させる（ただし、写真をとるなどの一定の手続きはとる）。「そこまでいうと国家公務員の守秘義務違反だ」といわれると困るので、誤解のないように断っておこう。私は、「忘れてよい」といっているのではない。受験票をなくしたキマジメな受験生は、受験できないと思い、折角の機会を失ってしまうかもしれない。あるいは、気が動転してしまうかもしれない。そういうことがないための注意だ（全員が持ってこなければ、試験実施側も対応できなくなる。だから、あくまでも忘失者が例外という前提での対応である）。

いずれにせよ、試験を行なう側は、受験生が不当にチャンスを失うことがないよう、大変な神経をつかっているのだ。

◆論述の書き方(1)：チェック・ポイントを見破る

入試の論述試験の採点は、複数の採点官が行なう場合が多い。二人の採点がかけ離れた場合には相談しなければならなくなるから、どうしても、「普通の」採点法になる。つまり、誰でも考えつくようなチェック・ポイントを設けている。

一人で採点する場合も、チェック・ポイントを設ける。このような基準を設けておかない

コーヒーブレイク

プラトンはさておき、ソクラテスは

東大文学部哲学科の試験は、随分ユニークなものだったようだ。印度哲学の某教授の試験問題は、「印度哲学について述べよ」というもので、これが毎年少しも変わることなく出題されたそうである（この話を聞いたある人は、「環境が変われば、問題は同じでも答えは変わるはず。だからよいのだ」といっていた）。

ユニークなのは、出題者だけではない。ギリシャ哲学の試験で、「プラトンについて述べよ」という問題が出た。ある学生の答案は、「プラトンはさておき、ソクラテスは」と始まり、ソクラテスについて延々と書いてあったそうである。■

と、採点が進むにしたがって基準が動いてしまう危険があるからである。

だから、受験生としては、**チェック・ポイントを見破る必要**がある。どのようにチェックするかは、もちろん採点官によって異なるだろう。私の場合（大学の学期末試験）についていうと、次のようなものだ。例えば、問題が「所得税は労働供給にどのような影響を与えるか」というものであるとしよう。

(1)「所得税の賦課は賃金が下がったのと同じ」という点（これがベイシックスである）が書いてあれば、三十点。

(2)「所得効果と代替効果」について論じてあれば、プラス四十点。

この二つの効果は逆になり得る。これは経済学を学んで初めてわかることで、常識的にはわかりにくい。実は、これを理解しているかどうかをみるのが、この問題の本当の目的なのである。このように**「問題の表面には必ずしも現れていない本当の意図」を見抜く**ことが、重要だ。

(3)累進税の場合や、労働時間が制度的に所与の場合などについて論じてあれば、プラス二十点。

これは付加的な部分である。時間に余裕がない場合には、書けなくてもやむを得ない(これが八割原則だ)。

(4)残りの十点は、文章の構成、論理的正確さなど、表現面の採点にあてる。

◆論述の書き方(2):読みやすい字を書く

採点をしているのは、神様ではなく、生身の人間である。気を抜けない作業で神経をすり減らしている。見なければならぬ答案数は、極めて多い。しかも、知的好奇心を刺激する作業ではない。要するに、論述題の採点は、あまり気乗りのしない作業なのである。だから、字が読みにくい答案があると、心証を害する。内容さえ正しければよいだろうという訳にはゆかないのである。逆に、きれいに書いてある答案には、好意をいだく。これで採点が大きく左右されるのは望ましくないという意見もあるだろう。しかし、採点者が人間である以上、ある程度は避けられない。

それに、経験によれば、字の読みやすさと内容の正しさとは、相関している。判読しにくい字の答案で内容的にすぐれているのは、まずない。字がきれいかどうかだけで採点している訳では決してないけれども、仮にそうしたとしても、さほど間違った結果にはならないのである。

なお、字が下手だからといって、心配することはない。字の「うまさ」を見ているのではないからだ。**丁寧に心をこめて書けばよい。**投げやりで読みにくいのが駄目なのである。

ポイント　読みやすい字でないと、採点者の心証を害する。

◆試験場での時間配分

試験が始まったら、まず最初に問題の全体を一瞥する。そして、おおまかな時間配分の計画をたてる。**やさしい問題、自信のある問題から手をつける。**これは当たり前の注意であろう。しかし、試験監督をしながら観察していると、いきなり第一問に着手する学生が多く見受けられる。

一つの問題にこだわり続けて完璧きわまりない解答を出そうとするのでなく、一応できたら他の問題に移る。時間が余ったら、戻ってきて検算などをやる。これは、「八割原則」だ。ただしこれは、アチコチ食い散らかしてよい、というのではない。全く逆である。一つの問題に取り掛かったら、一応の答えが出るところまでは、やりぬく。そうでないと、「二兎を追うものは一兎をも得ず」ということになってしまう。

英語や国語で長文問題をみると、ひるむ受験生が多い。社会や理科でも、問題文がやたらに長いのがある。しかし、長いから難しいわけではない。逆に、**長いのはやさしい問題**である場合が多い。社会や理科で問題が長いのは、通常、題意を正確に説明するためである。だから、解きやすいのである。つねにそうとは限らないけれども、そうである場合が多い。これは、受験のノウハウとしては、重要だ。

ポイント　解きやすい問題から着手し、八割原則で進行せよ。

13 面接試験の受け方

◆わからなければ降参せよ

「面接では第一印象が重要だから、きちんとした身なりで出かける。部屋に入ったら、自分から名乗る。椅子にきちんと深くかけ、手は軽くにぎって膝の上に。質問に対して礼儀正しくハキハキと要領よく答える。相手の目を見て話す」

このような心構えは、どんな指南書にも書いてある。常識であろう。そして、これらは正しい心構えだ。是非守ってほしい。これだけのことを確実にできれば、面接試験で五十点は取れると考えてよい。試験する側からいうと、これを完璧にできた受験生を落とすためには、

便利なグループ討論

コーヒーブレイク

私のゼミの選抜では、個別面接のあとに、全員でグループ討論をやらせることにしている。面接で呼び出すまでの待機時間に、学生に英語の文献を配って読ませておく。討論では、その文献が題材という大枠だけ与えて、あとは一切無干渉にする。座長も決めない。誰が討論のリーダーシップをとるかも、評価のうちである。

面接では見落としたところもあるので、「もう一度観察したい」と思う場合が多い。しかし、個別面接を二度やるわけにはゆかない。グループ討論をやると、それができる。しかも、長時間にわたってじっくりと観察できる。試験をする側としては非常に便利だ。 ■

特別の理由が必要だ。ただし、付け焼刃で演出しようとしても、無理である。普段の態度がなにげない動作に現われるものだ。ありのままに振舞って、このようなことができなければならない。

一つだけ、重要なことを補足しよう。それは、答えがわからない場合には、ごまかそうとせずに、はっきりと「わかりません」ということである。「申し訳ありません。知識が不足していました。今後勉強します」というように。

とくに、試験官が複数の場合には、これは非常に重要なことである。なぜなら、試験官のメンツがあるからだ。受験者がごまかそうとしている場合、それを見逃しては、質問者の能力が（他の試験官から）疑われる。だから、追及せざるをえなくなる。こんなことで面接が左右されては困るといわれるかもしれない。しかし、試験官も人間である。しかも、筆記試験の出題者が「試験のプロ」であるのに対して、入社試験などの**面接の試験官には素人が多い**。だから、彼らの心理には、十分の配慮を払う必要がある。

ポイント　面接では常識的な心構えが重要。ただし、付け焼刃ではできない。知らないことには率直に降参せよ。

◆模範解答を述べよ

以上は「外形基準」である。内容についてはふれていない。内容に関して重要な原則は、「模範答案を出せ」ということだ。実例をあげよう。

私は、毎年四月の学期初めに、専門課程に進学してくる学生に対して、ゼミナール選考の試験を行なっている。これは、面接が中心である。最初に必ず、「このゼミを志望した理由」を聞く。これに対して、つぎのように答える学生がいる。

「○○先生のゼミは志望者が多くて、通りそうになかったから」「理論関係のゼミは難しくて、ついてゆけそうにないから」「選考試験がやさしいと聞いたから」。

これらは、おそらくホンネなのであろう。しかし、こうした答えを聞いて、「この青年は正直だ。好感が持てる」と感じる試験官は、皆無である。

質問した側では、志望した本当の理由を聞きたいわけでは、必ずしもない。**紋切り型の質問に対して模範解答を述べる能力があるか**どうかを、まずは見ているのである。

いやしくもゼミを志望したからには、なんらかの積極的理由があるはずだ。だから、それを述べて欲しい。例えば、「税制改革の論議を聞いていて、こうした問題を考える基礎的な勉強をしたいと思ったから」とか、「先生の本を読んで、公共経済学に興味を持ったから」などと。後者の答えを、「ゴマスリ」と軽蔑する必要はない。このような答えをした学生を落とすには、相当の理由が必要である（ただし、あからさまなウソをいっても駄目である。面接試験官は試験のプロではないとしても、人間を見ぬく目はもっている）。

この種の「紋切り型質問」としては、次のようなものがある。

（第一群）「この会社に入ってどんな仕事をしたいか」「この会社のどのような面に興味をもっているのか」「この会社のことを他人にどのように説明するか」。

（第二群）「あなたの長所と短所は何か」「あなたの得意な分野は何か」。

（第三群）「最近読んで印象に残った本は何か」「学生時代に読んだ本でもっとも学ぶところが多かったものは何か」「尊敬する人は誰か」。

これらに対しては、模範解答を用意しておいて欲しい。

攻撃は最良の防御

コーヒーブレイク

アメリカの大学のPh.D.（博士）コースでは、論文を書く資格を得るために、「コンプ」（comprehensive examination）とよばれる試験に合格する必要がある。この中に「オーラル」という口述試験がある。これは、日本人には苦手の科目だ。

エール大学でのオーラルのとき、私はチャンスを捉えて、「この点は論文のテーマとも関連しているので、自分の研究計画について述べさせてもらえないか」と述べ、かなりの時間をそれで費やした。受け身で待っていると、どんなに難しい質問が出てくるかわからない。自分の得意な分野に引き込んで戦えれば、ずいぶん有利だ。つまり、「プラトンはさておき、ソクラテスは」とやるわけである。

口述試験の時、試験官は必ずしも明確な問題をあらかじめ用意しているわけではない。だから、こちらから仕掛けてもよい場合もある。ただし、下手にやると試験官の心証を害するので、十分な注意が必要である。■

◆面接のシミュレーションをやる

試験官の心理は、自分でその立場になってみると、よくわかる。だから、友人と組んで、**面接試験のシミュレーション**をやってみるとよい。すると、つぎのような**試験官側の事情**がわかるはずだ。

まず、それほど多様な質問を思いつくことはない。だから質問の大部分は、紋切り型のものにならざるをえない。それに、解答の内容そのものというより、答え方などに現われる人間像を見るのが目的だから、紋切り型質問で十分なのである。

また、複数の試験官がいる場合、試験官同士が、互いの目を意識する。このため、前に述べたように、ごまかし解答を追及せざるをえないようなことになる。こうした心理は、シミュレーションをやると、よくわかる。

私のゼミでは、三年生の面接の際に、新四年生が試験官側にたつ。感想を聞くと、非常に有益だといっている。

ポイント 質問する側に回ってみると、面接試験のメカニズムがよくわかる。

まとめ 「超」受験法

❶範囲を逸脱した問題は出せないなど、試験を実施する側には、いくつかの事情がある。こうした観点から試験を眺めてみると、これまで気づかなかった「試験のメカニズム」がわかる。

❷試験官の心理を考えて、常識的な対応をすることが面接試験の基本である。

［第七章］

勉強の「超」ヒント集

これまでの各章では、勉強の方法論について述べた。この章では、勉強を周辺から支えるサポーティング・システムについて、いくつかのヒントを述べる。

11 集中と気分転換

◆勉強は集中

勉強には集中が必要だ。なぜか。それは、人間のワーキング・メモリには厳しい容量の制限があり、**多数の案件を同時処理できない**からである。* これは、実験心理学や大脳生理学で明らかにされている。

第五章で、記憶に刷り込むには、対象に注意を向ける必要があるといった。同じことが、すべての学習についていえる。対象に注意を集中しなければ、勉強したことにはならない。

このために、**余計な刺激をワーキング・メモリに入れない**ようにする。虫の鳴き声のように無意味な刺激は、仕事や勉強に熱中すれば、聞こえなくなる。つまり、そちらがワーキング・メモリから追い出される。しかし、テレビ番組のように意味がある刺激は、なかなか追い出せない。それどころか、そちらにメモリを占拠されてしまう。

だから、「ながら勉強」は、避けるべきだ。とくによくないのは、テレビである。意識的に消さないと、つけっぱなしになってしまう。現代っ子は、幼い頃からの習慣で、テレビを見

天才たちの集中と気分転換

コーヒーブレイク

天才たちは、偉大な業績を「集中」によって生み出している。

ニュートンは、三大発見(万有引力、微分積分法、太陽光線の分解)を、ペスト禍を逃れて故郷の田舎にいた18ヵ月間の休暇のうちになしとげた。23歳のときのことである。第2の集中期は40代で、やはり18ヵ月の間に、主著『プリンキピア』を書き上げた。この期間は、食事も忘れるほどの極度の集中だったという[*]。

数学者ガウスの集中ぶりも有名だ。ある問題に熱中しているとき、医者が来て、「2階で奥さんが危篤《きとく》だ」と知らせた。ガウスは問題から目を離さずに答えた。「もう少し待つようにいってくれ。あと少しで解答が出る[*2]」。

フェルマーの最終定理の証明に成功したプリンストン大学のアンドリュー・ワイルズ教授は、自宅の3階にある屋根裏部屋の小さな書斎にこもり、世間との接触を絶って研究を続けた。電話がないのはもちろんのこと、「自分の目標に関係のないことについては、論文を書くのも、学会に出席するのも、本を読むこともやめてしまった[*3]」。

天才たちは、気分転換もうまい。ニュートンは、大学の中庭に建物を建てて化学実験をやっていたそうである。ライプニッツは、ひとりトランプを楽しんだ[*2]。アインシュタインはピアノを弾いた。マルクスは高等数学の問題を解いたそうである[*]。

＊　木原武一、『天才の勉強術』、新潮選書、1994年。

＊2　アイザック・アシモフ(星新一編訳)。『アシモフの雑学コレクション』、新潮文庫、1986年。

＊3　John Horgan, “Fermat’s MacGuffin,” *Scientific American,* September, 1993. ■

ることが無意識の癖になっている。テレビがついていないと不安になる子もいる。勉強に集中しようと思えば、まず、この習慣を絶つことが必要だ。最低限、**見たい番組を精選し、それが終わったら消す**という習慣をつける必要がある。いつまでもダラダラつけているのが、最もよくない。

それに、テレビを見るには、かなりのエネルギーを要する。私はごくたまにしかテレビを見ないので、一番組見ると、ぐったり疲れる。いつも見ていると、このことに気がつかなくなるのではないだろうか。

ポイント 集中しないと、いくら勉強しても身につかない。

……＊ワーキング・メモリの制約については、『続「超」整理法・時間編』（p226）を参照。……

◆歩け歩け

集中を長く続けることは難しい。動物としての人間の身体は、机に向かって椅子に座る姿勢を長時間続けるようにはできていない。

だから身体を動かすことが必要だ。「歩く」のは、誰でも手軽にできる運動である。歩くと足の裏が刺激され、脳の活動が活発になる。**知的作業における歩行の効用**は、多くの人が認めている。適当な場所が近くになければ、自転車で行こう。

ぼんやりと歩いていても、**無意識のレベルで勉強は進んでいる**ようだ。記憶が固定されたり、解けなかった問題を無意識的に解いていたりする。「別の姿勢をすると、問題が別の角度から見える」というのは、単なる比喩ではない。

ただし、このためには、外から強い刺激を入れてはだめである。新しいインプットが入ると、ワーキング・メモリはそれによって占拠されてしまい、勉強していた内容が追い出される。「暗記科目を勉強した後は寝ろ」というのも、このためだ。だから、「勉強したあとの気分転換にテレビ」はだめである。いつも見慣れた風景の中での散歩なら、格別新しい情報は入らないので、脳は勉強の咀嚼《そしやく》をしている。

ポイント　歩くことは、勉強の最良の友。

◆勉強に浸かっていよう

気分転換は、短時間のインタバルである。しかも、それは、主として身体を勉強の姿勢から解放するためである。脳は必ずしも勉強を離れたわけではない（だから、「気分」転換という表現は正確ではない。「姿勢」転換というべきだろう）。右に述べたように、脳の活動に関するかぎり、歩いている間も勉強は継続している。

面白いことをやっている限り、脳が疲れるということはないはずだ。面白い小説を読んでいると、身体の疲れを我慢しながら読み続けることがある。脳が疲れるとすれば、それは、興味がないことをいやいやながら勉強しているからであろう。

つまり、必要なのは、身体のリフレッシュだ。脳のリフレッシュは、必要ないと思う。むしろ、**いつも勉強を続けていることが必要**である。勉強に「浸《つ》かっている」こと、**勉強に関して「現役でいる」こと**が必要である。これまで述べてきたように、数学の計算力、英語の単語や適切な言い回し、字数の把握、漢字、すべてやらないと「なまる」。運動選手が、練習していないとなまるのと同じである。

日本では、大学受験が終わった途端に、勉強を止めてしまう人が多い。とくに、文科系でそれが著しい。社会人になると、仕事以外の時間は、酒、ゴルフ、マージャンなどのつき合いに使ってしまう。こういう生活をしていると、勉強しようという気にならない。しても能率が上がらない。サラリーマンが勉強に関して「現役」でいることは、誠に難しい。

「現役」でいるために、とにかく机に座り、短時間でも読んだり書いたりすることを日常的な習慣動作にしよう。日本の住宅事情だと、若い人が書斎をもつことは難しいかもしれない。しかし、せめて、「自分の机をもつこと」「机の上を物置にしないこと」を心がけよう。自宅にどうしても机をもてない場合は、朝早く会社に行くのも一つの方法だろう。

ポイント　いつも勉強していないと、「なまる」。

◆テレビに溺れる脳

すでに述べたように、テレビ番組を見ながら勉強すると、集中ができないので、能率が低下する。実際、テレビ視聴時間が長い学生ほど、学業成績は悪いという研究報告がある。[*]テレビが脳に与える影響は、もっと深刻なものである可能性が強い。アメリカの教育心理学者ジェーン・ハーリーは、**テレビが脳の機能と学習能力に悪影響を与える危険性**を指摘している。注意を向ける能力、問題に積極的に取り組む能力、理解しながら読む能力などが、テレビによって脅かされている危険があるという。そして、こうした危険を最小限に抑えるため、テレビを見る時間に制限を加えるべきだと提言している。

実験によると、本を読んでいる間、人間の脳波は活動的で早いベータ波が優位になる。しかし、テレビを見ている間は、精神活動の欠如を示す穏やかで受動的なアルファ波が優位になる。そして、「子供を甘いもので育てるとそれに溺れてしまうように、子供をアルファ波にならすと、それに溺れてしまう」。**脳をリラックスさせることは、脳にとって必ずしもよいことではない**という彼女の忠告は、極めて注目すべきものだ。

「セサミストリート」のように一般には「教育的」と考えられている番組でさえ、幼児の脳に悪影響を与えると、ハーリーはいう。即時性の強い視覚的刺激に浸らされると、「読む能力」が失われるからだ。

テレビの問題は、他にもある。もっとも深刻なのは、番組の質である。優れた番組が数多くあることを、否定するものではない。しかし、他方において、金も時間も労力もつぎ込んでいない、その場かぎりの手抜き安直番組が非常に多いことも事実である。タレントと称する人々の思い付きの悪ふざけや馬鹿騒ぎなど、芸も何もあったものではない。テレビ番組の多くは、残念ながら、質がきわめて低い。[*2] 何回も上演されることを意識して作られた映画や演劇とは、本質的に違うのである。

私は、面白い娯楽を我慢せよといっているのではない。全く逆であって、テレビ番組の多くは、娯楽として面白いものではなかろうと、忠告しているのである。質の低いものに慣らされると、感受性が麻痺してくる。**手抜き番組に慣れると、「本物」を鑑賞する力が失われる。**これが、もっとも恐ろしいことだ。

ポイント　テレビに溺れてしまうと、脳の機能や鑑賞能力が麻痺する危険がある。

＊　ジェーン・ハーリー、『滅びゆく思考力』（第五、六章）。

＊2　娯楽番組だけではない。私がテレビに出演した経験からいうと、教養番組や報道解説番組であっても、説明に使える時間は、一つのテーマにつき二分程度でしかない。したがって、ごく常識的なことを表面的になぞることしかできない（第三章の用語を使うと、「細胞」レベルのコメントしかできない）。常識的見解に反する独自の議論を展開することは、まず不可能である。だから、テレビから情報を受けるだけだと、ごく浅薄な知識しか身につかない危険がある。

◆ワーキング・メモリを解放する

人間のワーキング・メモリの容量は、非常に小さい。だから、勉強の途中で思いついた用件は、メモ用紙に書き出し、ワーキング・メモリの負担を軽減するように努めよう。心配事やストレスがあると、ワーキング・メモリがそれらに占領され、勉強に使えなくなる。だから、心配事をできるだけ排除しよう。

もちろん、実際に起こってしまった問題やトラブルは、いかんともしがたい。しかし、将来の不確実なことをただ心配したり、細かいことをくよくよ考えるのは、やめにしよう。「入試に落ちたらどうしよう」と心配するより、勉強そのものをすべきだ。**容量に限度のあるワーキング・メモリを、勉強のために解放する**必要がある。

この観点からすると、「自信をもつ」ことは重要だ。受験の前に神社にお参りするのも、自信をもつという意味ではよいかもしれない。人間が努力してもどうなるかわからないことは「神頼み」にし、「神のご加護」を信じ切ってしまえばよいのである（もっとも、何も勉強しないで他力本願になってしまっては、困る）。

ポイント　余計な心配事は追い出し、ワーキング・メモリを勉強にあてよ。

12 勉強のタイム・マネジメント

◆スケジューリング

「締め切り直前にならないと原稿を書く気にならない」という人が多い。「まぎわ」になってやる気が出るのは、危機的な状況で脳が興奮するからだ。

勉強についても、「試験の直前にならないと意欲がわかない」という人たちがいる。確かに、せっぱ詰まれば、嫌な勉強でもやる気になるかもしれない。

しかし、これは「超」勉強法の基本的な考えに反する。間際にせかされて勉強するのでなく、興味と意欲に引かれて勉強すべきだというのが、「超」勉強法の基本的な態度だ。また、この本で述べた勉強法は、間際の一夜漬けには向かないものが多い。英語の教科書丸暗記法は、日頃から少しずつやっていないと無理である。

学生の場合には、試験という非常にはっきりした目標がある。間際になって慌てないよう、試験までの**持ち時間をはっきりと把握**し、そこにいたるまでの時間のマネジメントを的確に行なおう。[*] このためには、数週間を一覧して把握できる手帳を用いることが望ましい。[*2]

入学試験をめざす受験生にとっては、入試が最大の目標である。しかし、これでさえ遠い目標かもしれない。学期別の区切りで目標をたてよう。

社会人にとってスケジューリングが難しいのは、予測できない用件が途中で割り込んできて、当初の計画を破綻させるからである。しかし、学生の場合には、「勉強三昧」の生活だ。だから、非常に計画的に過ごすことができる。中学と高校の六年間は、感受性も吸収力も高い。社会に出てからの三十年間にも匹敵する重要な時期だ。この時期を充実して送れるかどうかは、生涯に影響する。時間の大切さを自覚すべきだ。

受験期をきちんと過ごしても、**大学に入ってから、時間を無駄にする学生が多い**。受験という目標がなくなってしまったからであろう。社会に出てからは、さらに目標がみえにくくなる。

そこで、目的を明確化するために、「十年計画表」を作ってみよう。これは、今後十年間について、自分と家族の年齢、そして人生の主要な区切りとなる出来事の予想時期を書き入れるものである。[*3] きわめて簡単な表であるけれども、これを見ていると、十年間がいかに短いかがわかる。漫然とすごしていれば、五年や十年はあっという間にたってしまう。この間に行なうべき目標をはっきりさせよう。その上で、今年の目標、今月の目標を明らかにしよう。

ポイント　学生は計画的な生活ができる。社会人になってからは、長期的な時間を把握することが必要。

……

＊　タイム・マネジメントの詳細については、野口悠紀雄、『続「超」整理法・時間編』を参照。

＊2　このような手帳は、アスキーから「超」整理手帳として発売されている。

……

＊3 『続「超」整理法・時間編』（p41）を参照。

◆通勤・通学時間の有効活用

日本では、サラリーマンの通勤時間は長い。学生の通学時間も、かなり長い。だから、この活用は馬鹿にならない。多くの人は、電車内で本を読んでいる。しかし、活字を読むのは目が疲れるから、あまり望ましくない。なるべく目を使わない利用法がよい。

テープで英語を勉強するのが、もっとも効率的だ。第二章で述べたように、FENの夕方のニュースをタイマーを使って自動録音しておき、つぎの日にそれを電車で聴くとよいだろう。これを日課にすると、英語のニュースを聞くのが面白くなる。テープによる英語の勉強は、電車の中のように他にすることがない場所のほうが、集中できて効果的である。

受験生の場合には、**暗記科目の勉強にも使える**。カードを用意したり、本に線を引いて暗記すべきものを用意しておき、電車の中では、その箇所だけをみて、暗記する。

いま一つは、電車に乗る前に問題を頭に詰め込んでおいて、それについて考えることである。数学の問題を、頭の中に図や式を展開して考える。練習すると、かなり複雑な式でも、**暗算でできる**ようになる。

ポイント **電車の中では、テープによる英語の勉強か、暗記をする。**

3 教師の役割

◆教師の三つの役割

勉強を進めてゆく上で、教師の役割は大きい。私は、つぎの三点がとくに重要と思う。

第一は、**生徒や学生に好奇心を抱かせる**ことだ。序章で、「勉強は楽しいものだ」といった。これを教えるのは、教師の重要な責任である。それは、幼児教育から大学教育にいたるどの段階でも大変重要なことだ。

ただし、これは、かなり難しい要請である。まず、教師自身が対象に興味を持っていなければならない。自分が面白いと思っていないことに興味を抱かせようとしても、不可能である。しかも、それだけでは十分ではない。ある種の技術も必要である。単に「これは面白い」といっても、生徒には伝わらない。この技術を開発することこそ、教育法の要諦であろう。

役割の第二は、**重要な点とそうでない点の区別を教える**ことである。第一章で述べたように、学習することのすべてが同じウエイトをもっているわけではない。そして、そのウエイトを正しく把握するのが、学習のポイントだ。

しかし、本を読んでいるだけでは、この区別はわかりにくい。本では、重要な点は指摘できるけれども、**重要でないことは指摘しにくい**（重要でないことは書かなければよいと思われるであろう。しかし、実際には、論理的な整合性や形式的統一性のために、さして重要で

学生は
コピー機械？

コーヒーブレイク

第一章で述べたように、アメリカの経済学の講義では、「何が crucial か」を教授が繰り返し指摘していた。日本の大学の講義は平板で、教授はあまりこうしたことをいわない。

私が教養課程の時に受けた法学概論の講義では、教授（法学部の有名な教授）が椅子に座ったままノートを朗読するだけであった。そして、学生はそれを一字一句まちがいのないように自分のノートに筆記する。学生がノートに書く間、教授が時間をあけて待っているのが、なんとも滑稽《こっけい》だった。つまり、学生は能率の悪いコピー機械以外の何物でもない訳だ。そして、試験になれば、今度は頭に記憶したものを答案用紙に写す。

これなら、講義時間に本を配り、試験の時にそれを回収するほうがずっと効率的だ。私が受けた講義は、印刷術の発明以前のものだったといわざるをえない。

もっとも、アメリカでも同じような教授は多いらしい。『レフトハンデッド・ディクショナリ』（左ききの辞書）という非常に面白い辞書で lecture の項を引くと、つぎのような定義が載っている*。

The process by which the notes of the professor become the notes of the students without passing through the minds of either.

（講義とは、教授のノートが学生のノートになる——ただし、いずれの心をも通ることなく——過程である）

* Leonard Louis Levinson, *The Left Handed Dictionary,* Collier Books, 1966. ■

ないことも書かなければならない。「あまり重要でないけれども、書いておかないと本として体裁がとれない」という事柄は、意外に多いのである）。また、重要な点については、**十分に繰り返すことが難しい**。例えば、本書の第二章で、「教科書を丸暗記せよ」といった。このアドバイスは大変重要なものであるけれども、一冊の本の中で何百回も繰り返すことは、難しい（講義なら、毎回注意できる）。

なお、この区別を学生に把握させるためには、教師自身が対象を的確に理解している必要がある。教師の能力は、この点において如実に現われる。

教師の第三の役割は、**考え方の筋道を教える**ことである。例えば、幾何の証明の場合、いくつかの補助線を引く。これらは順を追って引いてゆく。しかし、教科書では、すべての補助線を引き終えた最終的な姿しか示すことができない。一般に教科書では、完成した姿しか示すことができない。だから、考え方をうまく説明するのが難しいのである。教室で教える場合には、黒板に最初から描くことで、これが容易にできる。この点はかなりテクニカルなことだから、注意すればどんな教師にもできるだろう。

…………

＊　「デルタン」のすごいところは、「試験に出る」という観点から見て、重要でない単語を切り捨ててしまったことにある。それまでの英語教師があえていわなかった（あるいは、気付いていなかった）ことを、印刷物のレベルで明らかにしたことが、重要なイノベーションだったのだ。

…………

間違い教師の教育効果

コーヒーブレイク

黒板に数式を書いている途中で教師が間違いに気づき、最初から計算し直す羽目に陥るときがある。教師として、これは誠に不恰好なものだ。しかし、これには、大きな教育効果を見いだしうるのである。

私は、学生時代に教師が間違えるところを何度も見てきた。彼らがどこで間違いに気づいたかを観察していると、実に興味深い。多くの場合、数式を最後まで展開してからではなく、途中で気がついている。エール大学の天才的なＳ教授は、しばしば計算間違いを犯した。しかし、途中で発見していた。つまり、ただひたすら式を展開していたのでなく、要所要所でチェックをしていたわけだ。どこで、どのようにチェックしていたかが重要である。

また、間違えた場合に、それを正しい式に直すために、どのような方法をとっているかもわかる。これは、間違ってくれたからこそわかることだ。完成した論文を見ているだけでは、決して知ることのできない推論や考え方の過程が、外に現れるのである。

Ｓ教授はまた、しばしばプラスとマイナスを間違え、「符号は結果の本質に影響がない」といっていた。これは決して負け惜しみではない。考えてみると、事実そうなのである（ただし、式の途中で間違えては、だめである。彼がいっていたのは、需要弾力性の定義式でマイナス符号がついていたかどうか、というようなことである）。

式の展開だけではない。黒板にグラフを描くとき、スケールなどを間違えて、説明しようとする点が適切に表現できない場合がある。これを修正する過程をみていると、議論の要点がわかる。最初から正しい図を見るより、はっきりする場合が多い。

このように教師が間違えると、教師の思考過程が外に現れる。これは、学生としてはまたとない機会なのである。普通、教師が間違えると、学生は黒板から目を離してざわざわと話し始める。これでは、千載一遇の機会を逃していることになる（と、私はいつも講義で注意している）。

教科書には間違いがないので、このような教育効果は期待できない。だから、教科書を読むだけの講義なら、さぼって図書館で本を読むほうが、自分が知りたいところだけを読めるので、効率的だ。

やや反語的になるけれども、ラジオ講座やテレビ講座の最大の欠点は、教師が間違いを犯さないことなのである。本の場合と同様、教師が間違いにどのように対処するかを観察する機会がない。サミュエル・バトラーがいうように、「常に正しいことほど大きな誤りはない」。■

◆家庭教師は有用か

受験期の子供に、家庭教師をつける家庭が多い。

しかし、家庭教師が本当に有用かどうかは、よく考える必要がある。日本の家庭教師は、学生のアルバイトが普通だ。彼らは、教師としては素人である（序章で述べた私の友人のような人間は別として）。教育法の訓練を受けているわけではない。だから、悪くすれば、金の無駄だけでなく、時間の無駄にもなる。

家庭教師が有効なのは、第四章で述べた「パラシュート勉強法」をやってくれる場合である。数学ができない生徒の場合、このような勉強法を自分で行なうことは難しい。他の教科についても、質問事項をまとめておいて、それに答えてもらうようにしよう。家庭教師が意味があるのは、このように**積極的に利用する場合だけ**である。

塾や予備校に対しても、過大な期待があるのではなかろうか。効果を冷静に判断する必要がある。浪人生の場合、時間管理のため、また孤独を避けるために通うのはよいだろう。また、右に述べた「教師の役割」を適切に果たしてくれる教師がいれば、通う価値がある。しかし、勉強そのものについては、自分でやるほうが効率的な場合も多いと思う。

ポイント　家庭教師は、パラシュート勉強法の場合にのみ有効。

◆嫌な教師と無能教師への対処法

学校教育の一つの問題は、好きになれない教師に出会ってしまう可能性があることだ。こうなると、人生の一大悲劇である。「坊主憎けりゃ袈裟《けさ》まで憎い」というように、その教師が担当する科目も嫌いになってしまう。物理や数学が嫌いになるのは、教師に原因がある場合が多い。

しかし、学科そのものと教師を同一視してはならない。数学や物理そのものがつまらないのでなく、教師の責任だと意識することが必要だ。「罪を憎んで人を憎まず」というのとは逆に、**教師を憎んでもよいが、数学を憎まない**ようにしよう。第四章のコラムで取り上げたような本を読んで、本当に面白い数学の世界を覗《のぞ》いてみよう。そうした体験をきっかけにして、第一章で述べたような「興味と知識の連鎖的な増幅過程」を作りだそう。

教師のレベルが低い場合には、どうしたらよいか。これは、自力や塾で補うほかはないだろう。学校教育において生徒が先生の選択権をもたないのは、誠に問題だ（塾や予備校が学校に比べて優れているのは、この点である)。

ただし、積極的に対処する方法もいくつかある。たとえば、質問ぜめにして教師を立ち往生させることだ。やる気のない教師には、この手がきく。生徒がおとなしくしていれば、無能教師は手をぬく。質問を受けると思えば、真剣に準備するだろう。このためには、生徒も必死で勉強しなければならない。禍《わざわ》いを転じて福となそう。

もっとも、小学生の場合には、そうもゆかないだろう。これを補うものは、家庭教育だ。親の最大の役割は、子供の知的好奇心を育てることである。「家では勉強より躾《しつけ》」という評論家がいる。しかし、学校教師のレベルが低い場合、知的好奇心をはぐくんでやれるのは、家庭しかない。

◆教師になってみる

教えることによって学ぶということもある。家庭教師をやった人には、すぐにわかるだろう。教えるためには、内容をよく理解していなければならない。また、ミエも働く。教える立場になれば、あとに引けない。だから、クラスメイトに教える立場に自分をおくのは、大変よいことだ。

文章を添削《てんさく》しあうのもよい。自分の間違いを指摘してもらうだけでなく、他人がどのような間違いに陥りやすいかもわかる。第六章で述べた面接試験のシミュレーションと同じことだ。

文章を書く場合に、あらかじめメモで論点を整理すべきだと第三章で述べた。書き出したものをみるのは、自分で自分に教えることになる。

14 頭がよくなる音楽

◆カリフォルニア大学での実験

「聞くと頭がよくなる」といわれている音楽がある。モーツァルトの〈二台のピアノのためのソナタ、ニ長調、K448〉だ。

朝日新聞は、次のように伝えている。一九九三年にカリフォルニア大学の研究グループが科学誌『ネイチャー』に報告した実験結果によると、大学生三十六人を対象として、(1)K448を聴く、(2)血圧安定用の録音テープを聴く、(3)沈黙を保つ、という状態をそれぞれ十分間続けたのち、図形認識などのテストを実施した。その結果、(1)の場合の成績が、知能指数(IQ)に換算して平均一一九と最も高く、(2)の一一一、(3)の一一〇を有意に上回った、というのである。*

確かに、音楽を聞いてから知的作業を行なうと、能率が上がるような気がする。とくにモーツァルトの曲には、そういう感じを与えるものが多い。

表7・1　高校生のための「頭がよくなる」音楽5選

・ハイドン、弦楽四重奏曲　ニ長調、Op.64の5(ひばり)、(ウィーン四重奏団)

・ベートーベン、弦楽四重奏曲　ホ短調(ラズモフスキイ第2番)、Op.59の2(メロス四重奏団)

・ベートーベン、ピアノ三重奏曲　変ロ長調（大公)、
Op.97（アシュケナージ、パールマン、ハレル)

・シューベルト、交響曲第5番　変ロ長調、
D485（アバド指揮、ヨーロッパ室内管弦楽団)

・シューベルト、ピアノ五重奏曲　イ長調（鱒)
D667（アルバンベルク四重奏団、レオンスカヤ)

ただし、K448の効果が特別に高いのかどうかは、わからない。また、この曲がモーツァルトの作品中で格別の名作とも思えない。私の独断的判断では、ピアノ・ソナタなら、ハ長調の曲のほうがよいと思う。とくに、K330(300h)やK545は、絶品だ(マリア・J・ピリスの演奏がよい)。右の結果を「一般に、勉強の合間の音楽は、頭によい効果をもたらす」と解釈して、自分が好きな音楽を聞けばよいと思う。

……＊『朝日新聞』、1993年10月15日夕刊。……

◆高校生のための音楽リスト

何を聞けばよいかは、もちろん、各人の自由である。ただし、いくつかのアドバイスはできる。

まず、モーツァルトの音楽が高校生に適しているかどうか、疑問である。高校生には理解できない場合が多いのではなかろうか。私自身、高校時代には、「楽しくて軽妙で、少し軽薄な音楽」と考えていた。モーツァルトを美しいと感じるのは、「世の中の荒波」を経験したのちのことだろう。

これとは逆に、高校生の感受性でないと聞けないものもある。高校生でなければ読めない文学作品があるのと同じことだ。シューベルトの交響曲第九番（ハ長調、作品944）は、その典型と思う。*大人になると、「やたらと長い作品」という印象しか受けない。ベートーベンの交響曲も、大人になると「うるさい」と感じるときがある。こうした曲は、高校時代に聞いておこう。これらは、高校時代の多感さを、微妙な細部にいたるまでそのままに保持してくれるタイムカプセルのようなものだ。

これら以外に、勉強に疲れたときの気分転換に最適な音楽のリストを示す（演奏者は、私の独断による選定である）。聞いていれば、多分、「頭がよくなる」だろう（責任はもてないけれども）。

ポイント　高校生の時に音楽を聴くと、頭がよくなるだけでなく、将来に残すタイムカプセルをつくることになる。

……

＊この曲は、フルトベングラー指揮、ベルリン・フィルハーモニー管弦楽団による演奏を超え

……

るものがまだ現われていないといわれる。また、この演奏は、フルトベングラーのあらゆる演奏のなかで最高だともいわれている。

まとめ　勉強の「超」ヒント集

❶勉強には、集中が必要。テレビは集中の敵。

❷気分転換は身体に対して行なうもので、脳に対しては必要ない。むしろ、勉強に浸かっていることが必要。そうでないと、「なまる」。

❸余計なことはワーキング・メモリから追い出そう。

❹学生時代には、計画的に勉強できる。卒業したら、十年計画表を作って長期の時間を把握しよう。

❺よき教師に恵まれないことは、不運だ。自力で克服するしかない。

［終章］

未来への教育

これまでの各章で述べてきたのは、教育体制を所与とし、その中でどのように勉強するかということである。個人個人からすれば、このような方法をとらざるをえない。しかし、現在の教育制度は決して完全なものではない。むしろ、問題だらけだ。だから、制度そのものを変えてゆく努力も必要である。この章では、こうした観点から、未来に向かう教育制度のあり方を考える。

◆何が受験の弊害か

受験勉強に偏った現在の教育体制に対しては、批判が多い。暗記・詰め込み中心、得点のための技術偏重、個性や創造力を奪う、等々。また、包容力、決断力など、指導者に必要な能力が受験勉強では培われないと指摘される。さらに、試験では、多様な才能のごく一部しか見ていないともいわれる。これらは、すでに多くの論者によって指摘されてきた。そして、これらは大筋において正しいと思う。

受験の弊害は、これだけではない。「知的活動」という狭い範囲で考えても、受験中心主義には大きなバイアスがある。

まず、「問題を探す能力」が受験ではなおざりにされる。これは、本書の随所で強調してきた。試験問題には、必ず答えがある。しかも、それらは、比較的単純できれいな形をしている。しかし、現実世界の問題には、答えがないものもある。学者の場合には、「問題を探す能力」が非常に重要だ。

　また、「何が重要か」を見抜く能力も、試験では直接には問われない。学習すべき内容は、あらかじめカリキュラムとして決められている。教科書も、選ばれたものが与えられる。入学試験では、範囲を逸脱した問題は出題されない。こうして、何が重要かは、解説され知らされている。しかし、現実の世界では、重要なこととそうでないことの区別は、必ずしも自明ではない。

　また、学校では、生徒が受け身のままでいても、先生が教えてくれる。受験のためには、これでよい。しかし、本来の勉強には、能動的な側面が強い。例えば、徒弟時代には、師匠の知識を盗むことが必要だった。いまでも、専門の研究者になろうとすれば、似た方法で知識やノウハウを獲得しなければならない。

　半面で、受験では、時間制約内に答えを出すことが絶対の条件である。だから、即答能力が要求される。しかし、学者の場合には、一つのことに飽きずに取り組む能力も必要だ。すばしこさは、時として害になる。

　このように考えると、知的活動という狭い範囲に限っても、受験戦争に勝ち抜いたものが必要な能力をもっているとは限らないことがわかる。

◆攪乱《かくらん》される学校教育

受験体制のいま一つの弊害は、教育システムが乱されることである。現在の受験体制では、多くの地域で中学入試が重要なポイントになっている(実際には、受験体制へのエントリー・ポイントは、ますます低年齢化している)。しかし、小学生では、将来について具体的な目標や意欲を持つのは無理である。目標も意欲もないままに勉強を強要されるから、勉強が嫌になる。そして、大学に入ると疲れはてて、勉強を放棄する。満員電車の通勤に疲れて、職場に来たら寝てしまうようなものだ。

アメリカでは、大学生、大学院生が非常によく勉強する。この段階になれば、目標を具体的に把握しているからである。この違いは、勉学態度の違いにあらわれる。アメリカの大学院の授業で休講があると、学生が補講を求める。これに対して、日本では、休講になると喜ぶ学生が多い。能動的か受動的かの差は、歴然としている。日本の教育システムの問題は、単に受験体制というだけでなく、選別が早すぎる時期に行なわれることなのである。

また、高校のクラス分けが、受験の便宜のためになされる。いわゆる受験校の場合、三年次になると、文系・理系、国立・私立でカリキュラムをまったく変えているところが多い。大学受験の際に学部を選択する必要は、もちろんある。しかし、高校時代の勉強を差別化する必要はない。高校生は、すべての学科をまんべんなく勉強したほうがよい。偏った科目しか勉強しないと、将来の可能性を自ら閉ざしてしまうことになる。

もちろん、責任は、大学側にもある。理系と文系の試験科目が、あまり大きく異ならないほうがよい。国立では概してそのような傾向になっている。問題は、理系・文系で試験科目を大きく変えている私立大学である。とくに、文系で数学を課していないのは、大きな問題だ。

◆時代にあわないカリキュラム

学校教育の問題は、受験体制だけではない。社会の要請にあわないカリキュラムも、問題だ。

難しい英文解読を学校で習ったあとで、社会人になってから日常的な表現を会話学校で習う。歴史を古い時代から習うので、現代との関連を知る前に終わってしまう。文章の書き方の訓練を受けずに卒業し、会社に入ってからテニヲハを習う。これらすべては、学校のカリキュラムが単なる惰性で組まれていることの反映だ。

古文や漢文を入試で課す必要があるかどうかも、疑問である（一橋大学では、これらを入学試験に出していない。これは、大変よいことだと思う）。古文の場合、文法があまり論理的でなく、しかも時代によってかなり違うので、思考力の訓練にもならない。漢文を返り点をつけて訓読するのは、日本独自の方法である。こうした訓練をしても、現代の中国人とのコミュニケーションには役に立たない。

もちろん、教養としてこれらを鑑賞するのは、よいことだ。感動的な漢詩を、感受性の豊かな高校時代に覚えるのは重要だ。『論語』や『徒然草』などを覚えていれば、のちのちの資産になる。百人一首や勅撰《ちょくせん》和歌集もそうだ。中国人に漢詩や論語を暗唱してみせて、尊敬されたことがある（現代の中国人は、古典の知識があまりない）。だから、文法などにあまり拘泥せず、教養として学ぶことが望ましいと思う。

また、時代の変化にカリキュラムが適応していない面も多い。例えば、漢字の書き方を細かくみるテストは、パソコン時代には時代錯誤である。また、ワープロではスペルチェッカ（誤ったつづりを修正する機能）が利用できるので、英語の難しい単語のスペリングも覚える必要はなくなった。

私は、暗記教育が不必要といっているのではない。むしろ逆で、私は暗記・詰め込み教育の重要性を強調したい。若いときに詰め込み教育を受けるのは、大変意義があることだ。「創造力のための教育が必要」といわれるけれども、創造は学習からしか出てこない。問題は、詰め込む内容が不適切なことにある（そして、前項で述べたように、問題意識がない年齢で詰め込みを行なうことにある）。

カリキュラムが時代の要請にそぐわない原因の一つは、その作成者や教師が、大学で勉強したことにいつになっても執着し、大学を出たあとで新しい知識を吸収していないからではないだろうか。

◆開かれた労働市場と卒業後教育を

学歴万能主義が批判される。しかし、問題の根幹は、労働市場の閉鎖性にある。終身雇用制のもとでは、企業の採用の中心は新卒段階にならざるをえない。この場合、採用側として最も信頼できる情報は、出身校である。採用担当者は、冒険して失敗すれば、責任問題に直面する。しかし、出身校を頼りに採用すれば、多少間違いがあったとしても、責任を追及されることはない。

だから、学歴主義を打破しようとすれば、労働市場を流動化させなければならない。こうなってこそ、さまざまな才能が評価される社会になるだろう。これは、激変する世界環境の中で、今後日本に要求されるもっとも重要な課題の一つだ。

もちろん、教育制度が自ら進んで改革すべき面も多い。アメリカのビジネス・スクールでは、いったん職業についてから再入学するのが普通だ。日本で「社会人教育」というと、職業訓練や教養講座になってしまい、本格的な高等教育にはなっていなかった。今後、二十代後半から三十代を対象とした「卒業後教育」のための機関を作る必要性が増すだろう。多くの大学が、このような試みに着手しようとしている。ゆくゆくは、いつになっても「やり直し」ができるような体制を整える必要がある。平均寿命が伸びているのだから、教育期間が長くなっても、不思議はない。そして、「やり直し」がきくようになれば、現在の受験体制は大きく変わってゆくだろう。

すでに述べたことと併せていえば、十代の中ごろから二十代の初めにかけて集中的な学校教育、二十代に実務経験、そして二十代後半から三十代初めに再び教育の機会が開かれている、という体制を作ってゆくことが望ましい。

◆大学の効用

何を学ぶべきかは、時代の変化とともに変わる。現代のように変化が激しい社会では、つねに新しい知識を吸収する必要がある。「それなら、大学などゆかずに現場で学べばよいではないか」との意見があるかもしれない。

しかし、私はそうは考えない。フローとしての個別情報はいつでも学べるけれども、それを評価するストックとしての知識の体系は、一つの学問体系を系統的に学ぶことによってしか身につかないからである。

経済問題についていえば、経済学の基礎的な考え方がこれに該当する。日本で「エコノミスト」として知られている人のなかには、基礎的な経済学の訓練を受けていない人がかなり多い。彼らは、細かい個々の事実については驚くほどよく知っているにもかかわらず、理論をもっていない。したがって、それらの事実をどう評価するかを知らず、基本的なことがらについて判断を誤る。

大学で教えている個別情報の多くは、独学でもカバーできる。しかし、そのためには、何らかの分野で、知識の構造を把握していることが必要である。これを把握するのは、独学によっても可能であるけれども、きわめて難しい。これまでの日本では、能力が高いにもかかわらず、経済的な理由などで大学に進学できなかった人が数多くいた。現在でも、そうした人たちがいる。大学で学ぶことができなかった人たちは、大学に対していわれのない畏怖《いふ》の念を抱いている。そして、独学すれば個別情報に関するかぎり、大学レベルの内容を簡単にマスターできるにもかかわらず、あえてそれを試みない。

だから、ある分野での知識を最先端にいたるまで学べるということは、大学に進学した者の特権なのである。幸いにしてその機会を入手できた学生諸君は、その特権を十分に行使しなければならない。それにもかかわらず、その特権を生かし切れないまま卒業してしまう「大卒者」があまりに多い。

「大学で教えている内容は、個別のフロー情報としてみるかぎりでは大したことではない」と知ることが、逆説的ではあるけれども、大学で学ぶ最大の効用なのである。

あとがき

日本の社会は、勉強することによって可能性が開かれる社会である。親の所得や社会的地位、あるいは本人の容姿や体力など、勉強しても克服できない要素が残ることは否定できない。しかし、社会活動の多くの分野で、勉強の成果はこれらよりずっと重要な地位を占めている。しかも、勉強において、うまれつきの能力は決定的な要素ではない。それよりも、方法と意欲のほうがはるかに重要だ。

だから、日本社会は、恵まれない環境に生まれた者にとっては、大変ありがたい社会なのである。学歴社会や受験体制を批判する前に、まずこのことを認識する必要があるだろう。

現在の仕組みの最大の問題は、「勉強で可能性が開ける」というチャンスが、大学入試の段階でほぼ終わってしまうことなのである。そのあとでは、勉強によって新しいチャンスが開ける機会が少ない。「学歴社会」とは、まさにこのことである。つまり、「学校教育以降の勉強の努力がカウントされない社会」という意味なのである。

いいかえれば、日本では「勉強社会」がまだ不十分であることこそが、問題なのだ。したがって、「勉強しなくてもよい社会」を作ることではなく、「勉強することがいつになっても報われる社会」を作ることが必要である。

日本社会は、最近になって、右の意味での学歴社会を脱しつつある。そして、「いつになっても勉強で可能性が開ける」という意味での「勉強社会」に向かっている。これは、歓迎すべき変化だ。

私は、経済的な意味でも物理的な環境の点でも、勉強に向いているとはいえない状況で育った。思う存分に勉強できたらどんなに素晴らしいだろうと思いながら、勉強を続けた。また、私の周りには、非常に高い能力を持ちながら、経済的な理由などによって大学進学を断念せざるをえなかった人が多数いる。

だから、勉強できる客観的な条件に恵まれながら、能力を理由に勉強しない生徒の言い訳は認めたくない。大学に入ったとたんに勉強を放棄する学生には、折角与えられた貴重なチャンスを無駄にするなと忠告したい。「ゆとり」を主張する教育改革論者には、教育を受ける権利を子供から奪わないでほしいと訴えたい。「おちこぼれの生徒に暖かい目を」という教育評論家には、能率的な勉強法を教える以上に暖かい方法があるだろうかと問いたい。そして、「詰め込みより創造を」という人には、詰め込みなくしていかなる創造もありえないことを指摘したい。

一般的な意味での学習の重要性について合意が得られたとしても、具体的な方法論については、多くの意見があるだろう。本書では、これまで学校で行なわれてきたものとはかなり異質な勉強法を提案した。とりわけ、英語の「教科書丸暗記法」と数学の「パラシュート法」は、あまり常識的な方法ではないかもしれない。私自身はこれらの方法の有効性を確信しているし、また、序章で述べた名人家庭教師の方法が同じものであったことから、一般的な妥当性を持つ方法であるとも考えている。しかし、こうした方法について、異論はありうるかもしれない。議論を通じて、学習法、教育法を改善してゆきたい。本書がそのきっかけになるなら、望外の喜びだ。

本書の草稿を、何人かの友人に読んでいただいた。ことに、遠藤諭（『月刊アスキー』編集長）、今野浩（東京工業大学教授）、吉田浩（明海大学講師）の各氏からは、大変有益なコメントをいただいた。厚く御礼申し上げたい。今野浩氏は、数理科学の専門家としての立場から、「パラシュート勉強法」の有効性を支持して下さった。

講談社学芸図書第三出版部副部長の細谷勉氏には、企画の段階から大変お世話になった。また、内容に関して、メモの段階から有益なコメントをいただいた。ここに記して御礼申し上げたい。

一九九五年十一月　　野口悠紀雄

辞書・参考書案内

参照した文献は、本文の注で示した。ここでは、読者に役立つと思われる文献の案内を行なう。

第2章　英語

1◆辞書

・A・S・ホーンビー他、『新英英大辞典』、開拓社。

高校最初の英語の授業で、K先生が開口一番「買いなさい」といった辞書がこれである。「英和辞典をひくな。単語の意味は英英辞典で調べよ」といわれた。

普通の英英辞典は日本人向きになっていないので、やや不便なこともある。この辞典では、すべての動詞について、使い方（SVOなど）が示してある。日本人が英語を書く時に非常に便利だ。

・*Roget's Thesaurus*, Longman.

Thesaurus（シソーラス）というのは、類語辞典である。文章を書いていて適切な単語が思い浮かばないとき、用いる。ある程度英語が出来るようになったら、和英辞典を引くのでなく、シソーラスで見つけ出すほうがよい。

*Roget's Thesaurus*は、一八五二年から続いているシソーラスの老舗である。ペーパーバックス版は、

空港の売店でも売っている。語が概念別に配列してあるので、最初は使いにくいと感じるかもしれない。その場合には、索引を用いる。なお、語をアルファベット順に配列してあるシソーラスもある(例えば、*Chambers 20th Century Thesaurus*, Chambers)。

最近では、ワードプロセッサの中にシソーラスが組み込んであるので、書籍形態のものをみる機会が減った。

私は、英語を書く場合、つぎのような辞書も参考にしている。

・井上善昌編、『英語類語辞典』、開拓社、一九五六年。
・松本安弘、松本アイリン、『あなたの英語診断辞書』、北星堂書店、一九七六年。
・新島通弘、『英語表現活用辞典』、開拓社、一九八一年。
・ドナルド・キーン、羽鳥博愛監修、『英語表現辞典』、朝日出版社、一九八二年。

2◆面白い辞書

・ユージン・E・ランディ(堀内克明訳)、『アメリカ俗語辞典』、研究社、一九七五年。
「読んで面白い辞書」の一つ。というよりも、異常に面白い辞典である(後述する『新明解』に匹敵する)。stupid(ばか)の項には、日本語の訳語(英語ではない)が一ページ以上出ている。日本語類語辞典よりずっと利用価値がある。vで始まるある単語の訳は、実に五ページ半に及ぶ。また、establishmentという単語を引くと、この辞書の基本哲学ともいえる思想が述べられている。
・加島祥造、『英語の辞書の話』、講談社学術文庫、一九八五年。
これは、「辞書の辞書」のような本である。

3◆参考書

社会人のための英語読本的な本は、非常に多い。それぞれに面白いし、これまでの間違いを気付かされることもある。しかし、こういう本を読みすぎてノイローゼにならないよう、注意されたい。英語には、文章のスタイルについての参考書が多数ある。日本語で書いてあるものも多い。例えば、

・笹井常三、引野剛司、『英語を書く』、ダイヤモンド社、一九八一年。

ここで述べられている注意は、日本語を書くときにも有用だ。

第3章　国語

1◆辞書

私は、国語辞典の善《よ》し悪《あ》しを、残念ながら判断できない。私自身は、岩波の『広辞苑』を第一版のときから使っている。用語、用字などで疑義が生じた場合の最終的な審判者として、誰もが認めるので便利である。その意味で、「国民的辞書」といってもよいものであろう。

・金田一京助他、『新明解国語辞典』、三省堂。

これは実にユニークな辞典である。面白い国語の辞書という点で、この右にでるものはない。そのユニークさについては、赤瀬川原平、「新明解国語辞典の謎」、『文芸春秋』、一九九二年七月号、一九九三年三月号。西山里見とＱＱＱの会、『辞書がこんなに面白くていいかしら』、ＪＩＣＣ出版、一九九二年を参照。

日本語には本格的なシソーラスがないので、文章を書くときに実に困る。英語のシソーラスを引いて

日本語に直すときすらある。「日本語シソーラス」と自ら称する類語辞典が発売されたとき、喜び勇んですぐに購入した。しかし、残念ながら全く使いものにならなかった。
現時点でもっとも使えるのは、次のものであろう。

・芳賀矢一校閲、志田義秀、佐伯常麿編、『類語の辞典』、講談社学術文庫、一九八〇年。

しかし、初版が明治四二年と、いかにも古いのが残念である。

2◆文章読本、論文の書き方

文章読本の類は、非常に多い。学校教育で「書き方」の基本訓練を行なっていないことの証拠である。それらの中から、つぎのような「独断的基準」を設けて、左記のものを選んだ。

まず、文中に「が」を多用しているものを除外した。第三章の3で述べたように、これは書き手の態度が曖昧な証拠である。文章読本を曖昧な態度で書かれては困る。第二に、起承転結を勧めるもの、「文は人なり」という精神主義を強調するもの、「人を感動させる名文を書こう」と勧めるものを切り捨てた。これらは実用的な文章の精神には反するというのが、私の主義である。

a　木下是雄、『理科系の作文技術』、中公新書、一九八一年。
b　澤田昭夫、『論文のレトリック』、講談社学術文庫、一九八三年。
c　篠田義明、『成功する文章術』、ごま書房、一九九二年。
d　清水幾太郎、『論文の書き方』、岩波新書、一九五九年。

aは名著である。これを凌ぐ文章読本は、当分現われないだろう。bは、同著者による『論文の書き方』より有用である。cは、文の書き方に関して有用で即効性のあるいくつかのヒントを含んでいる。

「〈が〉を使うな。〈が〉に頼るな」という重大な教訓は、学生時代にdから得た。
日本語で文章を書く人が、これらの本の忠告にしたがってくれれば、読み手の負担はずいぶん軽減されるだろう。

3◆速読法

このジャンルの本も、かなりある。パソコンを用いて練習するキットもある。これらの効果を否定するつもりはないけれども、私自身はあまり使う気になれない。教材が魅力的でないことが最も大きな原因だ。練習の意欲がわかない。第三章の2で述べたように、音読しないことだけを心がけて、『三国志』でも読むほうが、ずっと効果的だと思う。

第4章　数学

1◆パラシュート勉強法

数学事典は、難しすぎて、数学の専門家でないと使えないものが多い。岩波の『数学辞典』など、非常に難しい。しかも、日本語の項目がローマ字表示のアルファベット順に並んでいるので、度胆《どぎも》を抜かれる。

いま少しやさしいレベルで、しかも数学を利用する人を想定して書かれた数学事典として、次のものがある。

・広中平祐（編集委員会代表）、『現代数理科学事典』、大阪書籍、一九九一年。

ただし、この事典は、索引が非常に使いにくい。一連ページ数が表示していないので、かなり引き慣れてからあとでも、なかなか目的のページにたどり着けない。大項目主義をとっているだけに、索引は非常に重要である。内容は充実しているにもかかわらず、奇妙な編集方針によって使いにくくなっているのは、残念だ。

経済学で用いる数学の参考書としては、例えば、

・吉田和男、『経済学に最低限必要な数学』、日本評論社、一九九三年

がある。

2◆数学の魅力

「肩の凝《こ》らない数学」といった類の本が多い。しかし、こうしたものを私は勧めない。「理解する喜び」は、こういう本では絶対に得られないと思う。

中学生だったら、ガモフ・シリーズを読むとよい。とくに、『1、2、3…無限大』の改訳である、

・G・ガモフ（崎川範行、伏見康治、鎮目恭夫訳）、『宇宙＝1、2、3…無限大』、白揚社、一九九二年

を勧めたい。相対性理論の説明などはわかりにくいけれども、数学に関する部分はわかる。そして面白い。

高校生になったら、少し背伸びして、

・高木貞治、『解析概論』、岩波書店、一九三八年

に挑戦するとよい。

第5章 記憶法

「記憶術」と題した本は沢山ある。しかし、大部分は、「こじつけ暗記法」であって、実用にはならない。

つぎの四冊を勧めたい。

・西林克彦、『間違いだらけの学習論』、新曜社、一九九四年。
・M・ブラウン（村上志津子、新井康允訳）、『記憶力がよくなる本』、東京図書、一九八五年。
・ダグラス・J・ハーマン（土田光義訳）、『超記憶術』、白揚社、一九九四年。
・A・ウィンター、R・ウィンター（酒井一夫訳）、『脳力トレーニング』、東京図書、一九八九年。

以上の四冊には、専門家による現代的な記憶術の実用的なノウハウが書かれている。

第7章 勉強の周辺

・ジェーン・ハーリー（西村辨作、新美明夫編訳）、『滅びゆく思考力』、大修館書店、一九九二年。

テレビが精神活動に悪影響を及ぼすだろうとは、誰でも思っている。しかし、この本を読むと、事態の重大さを改めて認識する。幼児教育に関心のある人は、是非読んでほしい。

索 引

文庫版あとがき

本書は、一九九五年に刊行した『「超」勉強法』の文庫版である。

『「超」勉強法』は、多くの読者の方々から熱烈な支持を受けることができた。いただいた読後感は、中学生の読者から七十歳過ぎの方からのものまであった。いまでも、電子メールでの読後感が時々届く。私がとくに嬉しく思ったのは、「この本にしたがって勉強法を変えたところ、成績が急にあがった」というものである。これは、とくに英語について数多くあった。

「勉強は方法である。方法さえ正しければ、能力に関係なく、ある水準まではゆける」というのが、本書の基本的なメッセージだ。

私は、いまでも、このメッセージの正しさに強い自信をもっている。そして、私が提唱する方法ができるだけ多くの人によって実行されることを、心から願っている。『「超」勉強法』を書いた最大のモチベーションはそこにあった(教師というものは、伝道癖が強いのである。私はとくに強いのかもしれない)。その願いが実現したというのが、私の最も大きな喜びである。

また、勉強は、学校だけで行なうものではない。社会人になってからの勉強も重要だ。これが、本書のもう一つのメッセージだ。実際、私の場合、現在の仕事の基礎となっている知識の大部分は、大学を卒業してから後の時点で身につけたものである。日本社会を取り巻く条件が大きく変化している現在、社会人の方々が仕事を続けながら勉強を進めることの必要性が高まっている。厳しい時間制約下で成果をあげるには、正しい方法が不可欠だ。本書の第四章で提唱している「パラシュート勉強法」は、こうした側面では大変重要なはずである。こうした面においても本書が役立つことを願っている。

私のそれまでの著書の読者は、ビジネスマンが中心だった。『「超」勉強法』は、遥かに広い読者の方々に読んでいただいた。この意味で、私にとっては新しい経験であった。

ただし、あえて述べれば、学校の先生方からの反響は少なかった。皆無ではなかったものの、ビジネスマンや学生の方々からの反応に比べれば、大変少なかった。これは、残念なことだ。本書は、さまざまな個所で、学校教育で用いられている方法に対して批判を行なっている。私は、こうした意見が現場の先生方にどのように受け取られるかに、大変関心があったのである。

例えば、私は学校での英語教育の方法に批判的だ。日本人の英語能力の低さが問題とされているが、私の考えでは、こうなった責任の大部分は、学校での英語教育にある。私が本書で提唱している「丸暗記法」は、学校英語の教育方法を大きく変えるべきだという提案である。

また、実務で英語が使えるか否かは、専門的な内容を英語で伝達できるか否かに依存している。例えば、税の専門家同士が議論するには、税に関する専門用語が不可欠だ。また、数学の議論をするなら、数式を英語でいえなければ、話にならない。しかし、日本の英語教育では、こうした教育を全く行なっていない。大学教養課程での英語は、英文学の授業になってしまっているのである。

つまり、英語の教育は、英語の専門家にはできない面が多いのだ。「丸暗記法」はある意味では教師の役割を否定するものだが、実務英語においても「英語の先生」の役割が否定されるのである。

教育は、その分野の「専門の先生」と目されている人々が担当するのが、必ずしも最適であるわけではない。このことは、数学のパラシュート勉強法に関しても指摘した。こうした意味で、本書は、日本の教育の現状に対する強い批判になっている。

「本書が私にとって新しい経験であった」ということの大部分は、プラス面のものである。しかし、マイナス面もないわけではなかった。一部の人々から、ネガティブな反応があった。私が残念に思ったのは、それらの多くが、本書が提唱している方法論に対するものではなく、感情的な反発だったことである。とくに残念だったのは、本書の内容をよく読まないでなされているものが多かったことだ。

例えば、「本書は英語の文法を否定しているが、それは正しくない」という批判が、いくつかあった。しかし、本書では文法を否定していない(第二章の2参照。当然のことであるが、この部分は、批判に応じて追加したものではなく、初版のときからあったものだ)。あるいは、「小説を読むのに最後から読んでは興味がなくなる。こうした読み方には賛成できない」との批判もあった。しかし、第三章の2で明確に断っているように、私は、「最後から読む」という方法を、小説の読み方として述べているのではなく、論文の読み方として述べている。最もはなはだしい誹謗《ひぼう》は、「こんな本は読む必要がないことが、読まなくても分かる」というものであった。このような意見が大手を振って雑誌に掲載されるようでは、日本の出版文化は深刻な自己否定に陥ってしまうだろう。

このような誹謗に対しては、結局どちらの立場が生き残るかが、最終的な判決だろう。本書が文庫化され、これからも多くの読者に読んでいただけることは、本書の立場が生き残ることを意味する。この意味で、本書の文庫化を特別に嬉しく思っている。

本書の文庫化に関しては、講談社文庫出版部の田畑則重氏にお世話になった。ここに記して御礼申し上げたい。

二〇〇〇年二月

野口悠紀雄

本書は、一九九五年十二月に小社より単行本として刊行されました。

|著者|野口悠紀雄　1940年東京都生まれ。1963年、東京大学工学部卒業。1964年、大蔵省入省。1972年、イェール大学経済学博士号を取得。一橋大学教授を経て、1996年より東京大学教授。専攻は公共経済学。主著に『情報の経済理論』『バブルの経済学』『「超」整理法』『1940年体制』『パソコン「超」仕事法』『「超」旅行法』『「超」発想法』など。

「超《ちょう》」勉強法《べんきょうほう》

野口悠紀雄《のぐちゆきお》

2000年3月15日第1刷発行

発行者――野間佐和子

発行所――株式会社 講談社

東京都文京区音羽2-12-21　〒112-8001

電話 出版部 (03) 5395-3510
販売部 (03) 5395-3626
製作部 (03) 5395-3615

Printed in Japan

講談社文庫

定価はカバーに表示してあります

デザイン―菊地信義

製版――株式会社東京印書館

印刷――株式会社東京印書館

製本――株式会社若林製本工場

落丁本・乱丁本は小社書籍製作部あてにお送りください。送料は小社負担にてお取替えします。なお、この本の内容についてのお問い合わせは文庫出版部あてにお願いいたします。　（庫）

ISBN4-06-264827-X

講談社文庫刊行の辞

二十一世紀の到来を目睫に望みながら、われわれはいま、人類史上かつて例を見ない巨大な転換期をむかえようとしている。

世界も、日本も、激動の予兆に対する期待とおののきを内に蔵して、未知の時代に歩み入ろうとしている。このときにあたり、創業の人野間清治の「ナショナル・エデュケイター」への志を現代に甦らせようと意図して、われわれはここに古今の文芸作品はいうまでもなく、ひろく人文・社会・自然の諸科学から東西の名著を網羅する、新しい綜合文庫の発刊を決意した。

激動の転換期はまた断絶の時代である。われわれは戦後二十五年間の出版文化のありかたへの深い反省をこめて、この断絶の時代にあえて人間的な持続を求めようとする。いたずらに浮薄な商業主義のあだ花を追い求めることなく、長期にわたって良書に生命をあたえようとつとめるところにしか、今後の出版文化の真の繁栄はあり得ないと信じるからである。

同時にわれわれはこの綜合文庫の刊行を通じて、人文・社会・自然の諸科学が、結局人間の学にほかならないことを立証しようと願っている。かつて知識とは、「汝自身を知る」ことにつきていた。現代社会の瑣末な情報の氾濫のなかから、力強い知識の源泉を掘り起し、技術文明のただなかに、生きた人間の姿を復活させること。それこそわれわれの切なる希求である。

われわれは権威に盲従せず、俗流に媚びることなく、渾然一体となって日本の「草の根」をかたちづくる若く新しい世代の人々に、心をこめてこの新しい綜合文庫をおくり届けたい。それは知識の泉であるとともに感受性のふるさとであり、もっとも有機的に組織され、社会に開かれた万人のための大学をめざしている。大方の支援と協力を衷心より切望してやまない。

一九七一年七月

野間省一